KB088551

존엄을 지키는 돌봄

사토무라 요시코 지음 ─ 최효옥·손효선·구노리 야스히코 옮김 ─ 장창현 감수

존엄을 지키는 돌봄

근거 갖춘 돌봄으로 치매 완화

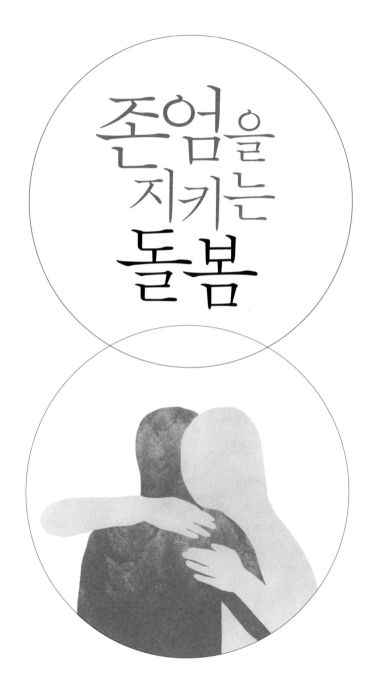

건가
미디어
협동조합

"여러분의 참여로 이 책이 태어납니다.
씨앗과 햇살이 되어주신 분들, 참 고맙습니다."

강유식　고경심　고승미　곽기림　곽병한　곽종훈　김경자　김기태　김나연　김동수
김두경　김미정　김복희　김봉구　김성옥　김소양　김소형　김영순　김옥석　김용석
김정은　김종신　김종희　김태연　김태혁　김형수　나백주　남소영　문정주　문현아
박건희　박경순　박범희　박성경　박왕용　박유경　박재만　박정규　박혜경　배정희
백수홍　백재중　변혜진　서경원　성창기　성현주　손성숙　손주갑　손효선　송직근
송현석　신동호　신선희　신순선　신영수　신영숙　심재식　안정빈　오명심　유미경
유영초　유원섭　윤애리　이경화　이명우　이선영　이성완　이성은　이승하　이옥주
이인석　이종훈　이주영　이차연　임근수　임문경　임성미　임지섭　임지연　장창현
전진한　정명자　정상찬　정주희　조문주　조원경　채정란　채찬영　채춘선　최규진
최병덕　최재영　최현삼　최효남　최효옥　하누리　하병민　한미숙　한현애　함광운
홍상의　홍정희　홍혜선　황덕호　황선우　황자혜　황진우　아이리스심리상담센터
구리노 야스히코　구리하라 치즈루　사이토 치카　(110명)

선배 돌봄 전문가의
정성과 깊은 마음이 담긴 지침서

장 창 현

정신건강의학과 의사

2021년 현재 한국의 65세 이상 노인 인구는 813만여 명, 그 중 치매로 진단받은 인구는 78만여 명이다. 보건복지부 산하 기관인 중앙치매센터 '치매오늘은'에서 밝히는 현황이다. 잠재 숫자까지 포함하는 추정 치매 환자 수는 84만여 명으로 전체 노인 인구의 10.33%다. 65세 인구 10명 중 한 명은 치매 환자인 현실이다.

내 가족 친지들을 떠올려봐도, 열몇 어르신 중 두세 분이 치매 증세를 보이시는 듯싶다. 치매는 결코 남 이야기가 아니다. 세계보건기구의 예측은 더욱 불길하다. 현재 전 세계 치매 인구를 5천 5백만 명으로 추산하는데, 2050년에는 1억 3천 9백만으로 2배 넘게 늘어나리라 예상한다.

정신건강의학과 의사인 나는 진료실에서 치매 환자와 가족을 종종 만난다. 환자를 대하면 우선 본인과 가족 이야기를 듣고 인지 기능을 평가한다. 알츠하이머 치매가 의심된다면 '충분한' 인지 기능 개선제(엄밀하게는 인지 기능 저하를 막는 약)를 처방한다. 치매의 행동심리증상Behavioral and Psychological Symptoms of Dementia, BPSD이 심하면 '소량의' 항정신병 약물을 추가 처방하여 증상 완화를 도모한다.

치매 환자의 정신과 진료 현장은 별로 역동적이지 않다. 하지만 의사가 세심하게 접근해 처방하면 환자는 물론 돌보는 이들의 삶의 질도 높아진다. 효과와 부작용을 섬세하게 견주며 처방해야 약이 약답게 기능한다. 벤조디아제핀 계열 항불안제나 수면유도제는 인지 기능 저하를 초래하기 쉽다. 이 처방 유혹을 잘 피해야 환자 당사자와 가족에게 도움이 된다. 행동심리증상 완화에는 몇 달 정도 항정신병약물을 적은 양으로 활용함이 좋다.

하지만 의료는 건강 결정 요인의 약 10%에 지나지 않는다. 적절한 '돌봄'이 환자 당사자의 삶을 실제로 돕는다. 『존엄을 지키는 돌봄』은 치매 당사자와 돌봄 현장에서 애쓰는 이들을 구체적으로 도우려는 책이다.

'삶의 맥락'이 이 책 전체를 관통한다고 나는 이해했다. 치매 어르신들을 잘 돌보기 위해 그분들 삶의 맥락을 살피고, 그분들 이야기를 많이 들어드리면 좋겠다. 본문에서 언급하는 '회상법'은 어르신들의 삶을 경청할 방법과 의미를 일러 준다.

나도 최근 치매가 염려되는 집안 어르신과 전화 통화하며 '회상법'의 의미를 실감했다. 피해망상과 같은 현재 증상의 옳고 그름에 초점을 두지 않고, 과거에 어르신이 이겨내신 역경과 집안일에 기여하신 바들을 떠올리며 성심껏 들어드렸다. 그러자 어르신은 자신을 괴롭히던 '망상'들에 대한 집착을 조금씩 내려놓으셨다. 물론 한 번의 통화가 큰 효과를 보진 않겠고, 앞으로 지난한 치료와 돌봄의 시간 들이 필요할 것이다. 그래도 사소하지만 소중한 힌트를 얻은 듯해 기쁘고 감사했다.

이 책은 치매 어르신들뿐 아니라 돌보는 이들도 깊이 들여다본다. '돌봄'은 돌봄 받는 이와 돌보는 이의 상호작용이다. 돌봄은 행동이고 실천이고 수행이기에, 돌보는 이들은 어르신들 상태에 따라 크게 영향 받는다. 특히 치매 환자의 인지 기능은 속도만 조금씩 다를 뿐 결국은 모두 나빠진다.

이에 치매 환자 돌보는 이들은 점점 지쳐간다. 돌보는 이 본인의 자기 상태 관찰과 본인 돌보기는 지속 가능한 돌봄에서 필수 요소다. 본문에서 만난 '돌보는 이의 스트레스를 줄이는 요령'은 그래서 참 반가웠다. 마음 아픈 이들을 매일 만나는 나에게도 도움 되는 내용이다.

'돌봄과 의료의 협업'에서도 돌보는 이의 지혜가 엿보인다. 노인은 여러 가지 질병을 갖기 일쑤다. 그러니 복용 약도 여러 기관여러 과의 다양한 종류이기 쉽다. 이를 통합해서 관리한다면 약 복용 횟수도 줄고, 불필요한 약들도 확인 가능하다.

이런 개선은 돌봄 제공자, 약을 처방하는 의사, 무분별한 다약제 처방을 점검하는 국가 의료 시스템의 협력으로 진행 가능하다. 본문에 나왔듯 사회보장 비용의 낭비를 막고 약의 과도 처방과 약 통합 관리의 부재로 인한 건강 악화를 막으려면 의료와 돌봄의 협력이 필요하다.

이외에도 『존엄을 지키는 돌봄』에는 소중하고 지혜로운 돌봄들이 가득하다. 우리는 모두 늙는다. 우리가 지금의 돌봄 현장을 조금씩 더 낫게 만들면 그것이 '돌봄의 미래'로 닿으리라. 치매 어르신들에 대한 좀 더 현명하고 섬세한 도움이 결국 우리 자신을 도우리라 믿는다.

『존엄을 지키는 돌봄』은 진정성을 갖고 치매 어르신들을 먼저 돌본 선배 돌봄 전문가의 정성과 깊은 마음이 담긴 지침서다. 좀 더 나은 돌봄의 손길과 숨결과 현장을 고민하고 꿈꾸는 모든 분께 이 책을 소개하고 추천한다.

우리는 어떤 돌봄을
받기 원하는가

황 현 숙

희원노인간호센터장

"안녕하세요? 오셨어요~" 주간보호 어르신들을 맞아들이면서 직원들이 인사합니다. 한 분 한 분 손 잡아 드리고 어깨를 감싸 안으며 어르신들과 인사 나눕니다. 어르신 한 분이 먼저 다가와 포옹하십니다. 치매가 제일 심해 순간순간 욕이 잦은 어르신이지요. 요즈음 저를 만나는 아침이면 꼭 껴안으며 좋아하십니다. "내가 제일 좋아하는 사람이야, 좋은 사람~"

"어르신, 애정 표현이 이렇게 과격하세요, 하하~" 하며 꼭 안아 드립니다. 직원들이 이 어르신은 원장님만 좋아하신다고 부러워합니다. 뒤에서 다른 어르신이 부러운 듯 쳐다보십니다. '애정 표현이 과격한 어르신'을 자리에 앉혀 드리고, 뒤에 계셨던 어르신도 안아드리면 아주 좋아하십니다.

적은 수의 어르신들이지만 모두 다양한 성향과 특징을 가지셨습니다. 적극적인 분, 소극적인 분, 남의 일에 관심이 없으신 분 등등…. 우리는 모든 분께 공평하게 손 잡아 드리고 관심을 보이며 인사해야 합니다. 우리 아침은 어르신들과 인사하면서 이분들의 안색을 살피고 어제와 다른 어떤 변화가 있는지 살펴보면서 분주하게 시작됩니다.

돌봄 업무는, 우리가 먼저 무엇인가 하려고 의도하면 잘 안 될 때가 많습니다. 어르신이 우리에게 다가와 주지 않으면, 우리가 아무리 다가가려 해도 가까워지지 못합니다. 어르신 스스로 우리에게 다가와 줄 때 친해지기도, 돌봄도, 가능합니다.

특히 치매 있는 어르신은 직원들이 가깝게 다가간다고 가까워지지 않습니다. 치매 어르신은 우리 보기에 아무것도 모르시는 듯하지만 감정이 무척 예민합니다. 치매 어르신을 돌보는 사람은 특히 어르신들의 '예민한 감정'을 잘 파악해야 합니다. 어르신 본인은 기억을 많이 잃고 각 순간별 상황 파악도 잘 못 하지만 상대방의 감정은 잘 읽으십니다. 특히 '저 사람이 나를 진심으로 대하는지 가식으로 대하는지' 잘 아십니다. 돌보는 이들의 실수는 치매 어르신들이 아무것도 모른다는 마음으로 일할 때 나옵니다.

우리는 어르신이 우리에게 다가오시도록 노력하고 집중해야 합니다. 종종 거부당하고, 실수도 하지만 결국 그분들을 다가오게 만드는 힘은 우리 진심이라고 생각합니다.

앞에서 얘기한 '애정 표현이 과격한 어르신'은 전두엽 치매 환자십니다. 의사 소통이 어렵고 욕을 많이 하시고 차에 타고 내리는 것조차도 스스로는 안 하십니다. 다른 어르신들은 "제일 젊은 것이 나이 많은 우리한테 욕하고 소리 지른다, 그런데 선생님들은 저이만 좋아한다"고 말하십니다. 화장실도 시간을 맞춰 가시자고 해야 겨우 가 주시고, 실내에서 움직여야 할 때도 우리가 함께 움직이지 않으면 꼼짝 않는 실정입니다.

그런데 가족과 계속 소통하며 적절한 돌봄 방법을 공유하고 약물도 조절했더니 언제부터인지 조금씩 좋아지심이 느껴졌습니다. 가끔 다른 사람에게 "예쁘다"고도 하시고, 저에게 "제일 좋아하는 사람이야"라고 표현하시는 등 언어가 점점 다양해졌습니다. 중간에 병원과 처방 약이 바뀌면서 다시 안 좋아지신 적이 있습니다. 약을 이전에 드시던 것으로 다시 변경하고 가족들과 상태 변화를 계속 공유하자 한 달 만에 다시 상태가 좋아지기 시작했습니다.

이 어르신 사례로 가족의 보살핌과 요양센터의 돌봄 과정 공유가 중요함을 절감했습니다. 가족과의 소통을 통해 어르신의 변화를 살피면서 돌봄 과정을 직원과 가족이 세밀하게 공유했습니다. 이 과정에서 상태가 매우 안 좋던 어르신도 좋아지심을 경험했습니다. 치매 노인뿐 아니라 일상생활이 불편한 모든 어르신을 돌보는 일에는 기관 종사자와 가족, 의료진의 많은 소통이 필요합니다.

제가 돌봄 요양센터를 시작한 20년 전에는 지금처럼 연세 많으신 분보다는 60대 후반~70대 어르신들이 많았습니다. 중풍 등으로 거동이 불편하신 분들이 많았고, 80세 이상이면 '노환'이라고 했지요. 2021년 현재는 101살 어르신과 90세 이상 어르신들이 주간 보호 방식으로 오시거나 요양원에서 생활하십니다.

요양원마다 100살 넘은 어르신들을 돌보는 고령사회입니다. 어르신들이 요양원에 입소하여 생활하는 기간도 점점 길어집니다. 우리 요양원에도 입소하신 지 10년 이상인 분이 여럿, 17년 되는 분까지 계십니다.

우리 대부분은 삶의 마지막 시간에 다른 사람의 돌보는 손길에 의지합니다. 요양 시설에 입소하거나 본인 집에서 살더라도 결국은 다른 사람의 손길이 필요하지요. 그렇다면 지금 이 글을 쓰고 읽는 우리 자신은 미래에 어떤 돌봄을 받고 싶은가요. 우리 자신의 미래 모습과 돌봄에 관한 답은 찾기 어렵습니다. 어쩌면 지금 현재의 어르신 돌봄 현황이 우리가 만날 미래 모습이리라 생각합니다. 그러니 더욱 '좋은 돌봄'을 생각하고 실천해야 합니다.

우리는 이제 '돌봄' '치매'라는 말을 일상에서 자주 듣습니다. 고령사회의 돌봄이라는 중대 과제가 가족에게서 국가와 사회의 책임으로 옮겨가는 과도기지요. 돌봄 현장에서 20년 넘게 생활하면서 '좋은 돌봄'과 '치매 돌봄'은 항상 머릿속에서 떠나지 않고 고민되는 주제입니다.

『존엄을 지키는 돌봄』의 저자는 치매 노인의 돌봄 사례와 종사자의 자세, 요양 시설과 기관에서 이루어지는 다양한 사례와 내용을 쉽게 표현하고 전합니다. 일본은 우리보다 먼저 고령화와 돌봄 그리고 치매에 대한 고민을 시작했지요. 그 고민을 우리보다 먼저 차근차근 풀어 왔습니다. 같은 고민을 먼저 품었던 사례를 통해 배우고 우리 돌봄 현장에 적용하면서 우리 실패는 적어지리라 생각합니다.

『존엄을 지키는 돌봄』의 저자는 치매 돌봄을 설명하면서 "올바르게 이해하고 다가가면 치매 증상이 완화된다"고 합니다. 저는 이 '다가감'이라는 말이 매우 감사합니다. '다가감'은 치매 돌봄에서 가장 기본이자 어려운 과제입니다. 이 책의 저자는 다가가는 다양한 활동을 시도하면서 실패도 하고 성공도 하는 실천 과정을 적나라하게 보여줍니다.

저자가 사용하는 '다가감'이라는 말은 이 책의 모든 내용을 축약하는 듯합니다. 우리가 잘 알면서도 실천하기는 어려운 점들을 일러 줍니다.

"'다가감'이란 치매 환자를 바꾸려 하지 않고 돌보는 이가 가까이 다가가 환자의 현재 모습 그대로를 받아들이는 것입니다. 그러면 그동안 무시당했던 사람의 자존감이 높아지고 존엄을 회복합니다. 또한 자신의 존엄을 인정해 준 이에게 치매환자가 다가옵니다."

이 책 『존엄을 지키는 돌봄』에는 치매 노인 돌봄의 사례와 종사자의 자세, 시설에서 이루어지는 다양한 사례들이 읽기 쉽게 씌었습니다. '존엄을 지키는 돌봄'을 위한 수고와 시간을 줄이는 돌봄 방법, 좋은 시설을 선택하는 조언, 고민하는 가족과 돌봄 종사자에게 보내는 저자의 경험들이 가득합니다. 돌봄 현장과 치매 부모를 모시는 많은 가족에게 큰 도움이 되리라 기대합니다.

바로 '나의 일'이 되는
치매와 치매 돌봄

．
．
．

"할머니 맛있는 것도 사드리고 잘 챙겨 드려라."

간성혼수로 중환자실에 입원했다가 깨어난 아버지가 저희 자매에게 이르셨습니다. 이상할 것 하나 없는 말입니다. 아버지를 먼저 면회하고 저희와 교대하는 어머니 뒷모습을 보며 한 말씀이 아니라면.

어머니를 설마 15년 전에 돌아가신 할머니로 착각하리라고는 상상도 못 한 일이라 고생하신 어머니를 향한 아버지식 농담이려니 했습니다. 그런데 거듭 같은 말을 하시기에 물었습니다. "왜 엄마를 자꾸 할머니라 하세요?"

"아빠의 어머니니까 너희한테는 할머니가 맞지" 사뭇 진지하게 말씀하셨습니다. 중환자실에 있는 다른 환자분을 가리키며 "저 사람은 내가 옛날에 함께 근무하던 사람이니 가서 인사해" 하셨고, 또 다른 분을 향해서는 "저 사람은 이번 선거에 당선됐으니 축하한다는 말이라도 해 줘야 도리지" 하며 침대에서 내려오려 했습니다. 현실과 무관한 말씀이었습니다. 그러더니 목소리를 낮추고 "저기 저 남자 나쁜 사람이다. 화장실 가려고 일어나는데 나를 막 때리더라" 하며 간호사를 가리켰습니다.

그때는 치매에 걸려도 감정은 기억한다는 사실을 몰라서 믿지 않았습니다. 아버지 말을 간호사가 듣기라도 할까 봐 덩달아 작은 목소리로, 돌보느라 애쓴 사람에게 무슨 그런 말을 하냐며 손을 잡았는데 환자복 안 손목에 붉고 푸른 멍 자국이 있어 깜짝 놀랐습니다. 간호사가 아버지 말을 들었는지 다가와, 야간에 낙상 사고가 일어날까 봐 손목을 침대에 묶었는데 빼려고 몸부림쳐서 그렇다고 설명했습니다. 이전에 입원한 병원에서는 그런 일이 없었는데…. 하지만 병원 신세를 질 수밖에 없는 처지라 어떤 말도 못하겠는 착잡한 심정이었습니다.

아버지는 간경화에 따른 간성혼수를 겪으시며 입원과 퇴원을 반복하는 동안 점점 상태가 나빠져 기억은 더욱 엉켰고 조금이라도 마음대로 안 되면 심한 말도 하셨습니다. 마지막에는 망상까지 생겨 함께 지내는 어머니의 안전마저 걱정될 정도였습니다. 저는 아버지의 기억 장애와 망상 들을 치매 탓이라 생각했습니다. 아는 게 없으니 아버지의 말과 행동에도 건성으로 대응했습니다, 치매니 어쩔 수 없다고. 치매라서 엉터리 이야기를 하신다며 때론 원망도 하고 짜증도 냈습니다.

그렇게 병마와 싸우다 세상 소풍을 끝내고 아버지가 돌아가신 다음 문득 치매가 궁금했습니다. 먼 일로만 생각한 치매가 바로 곁에 있었구나, 뒤늦은 깨달음이었습니다. 병을 모르니 적절한 대응 방법도 알지 못해 제대로 보살펴 드리지 못한 죄책감이 때때로 저를 괴롭힙니다.

연로한 어머니가 계시니 이제라도 알아 두어야겠다 싶어 찾은 책 중 한 권이 『돌보는 힘_아가와 사와코의 간병 입문』입니다. 간병 요령과 돌보는 자세를 친절하게 소개하는 책으로, 2021년 1월에 번역 출간되었습니다. 많은 사람들이 읽고 마음 준비를 하면 좋겠다고 두 공역 선생님들과 의견 일치를 본 결과입니다.

중앙치매센터 자료(2019년 기준)에 따르면 우리나라 65세 이상 추정 치매 인구는 약 84만 명이며 전체 노인 인구 10명 중 한 명이 치매를 앓고 있다고 합니다. 그래서인지 치매 돌봄 시설이 쉽게 눈에 띕니다.

그런데 아직도 치매 환자를 함부로 대하는 여러 사례를 주변에서 듣습니다. 제 친구는 치매에 걸린 아버지를 요양병원에 맡겨 돌보던 중에 환자 본인은 물론 가족에게도 알리지 않고 머리를 박박 깎아버린 황당한 일을 당하고 펑펑 울었다고 했습니다. 구순의 치매 노인일지라도 이건 인격 모독이라고, 폭력이라고, 이것뿐이겠냐며 수화기 너머에서 북받치는 울음을 삼키던 친구 목소리가 잊히지 않습니다.

저 자신도 치매를 피해갈 확신이 없으니 치매 돌봄의 세계에

한 걸음 더 들어가 보자는 생각을 하다가 '치매 환자의 인격을 존중하는 돌봄' 주제에 이르렀습니다. 치매 환자의 존엄을 지키는 돌봄 책을 많은 사람이 읽고 알면 좋겠다 싶었습니다. 제가 몰라서 못 했기 때문입니다.

『존엄을 지키는 돌봄』을 『돌보는 힘』의 심화 단계로 선택한 것은 치매와 치매 돌봄이 바로 '나의 일'인 까닭입니다. 『돌보는 힘』이 옆집 언니의 다정한 조언 같은 내용이라면 『존엄을 지키는 돌봄』은 전문가의 노련미가 느껴지는 책이지 싶습니다.

이 분야 전문가인 저자 사토무라 님은 돌봄 현장에서 체험한 사례를 이론과 함께 정리하여 넌지시 도움말을 줍니다. 한 꼭지 한 꼭지 읽을 때마다 아! 하고 저절로 고개를 끄덕이시리라 생각합니다. 치매 가족을 돌보는 분이나 돌봄 종사자분들께도 따뜻한 지침이 되어 주리라 믿습니다.

끝으로, 전문가로서 깊은 마음이 담긴 추천사를 더해 주신 장창현, 황현숙 두 분 선생님, 세심하게 이끌어 주신 조원경 편집장님, 이 책이 나오기까지 옮긴이들과 함께 달려 주신 황자혜 기획편집위원님과 임지연 님께 깊이 감사드립니다.

옮긴이를 대표하여 최 효 옥

차례

* 이 책에 등장하는 사례 속 개인 이름은 모두 가명입니다.

올바로 이해하고
다가가기

1997년, 제가 알지 못하는 분야인 '복지로서의 돌봄'의 길을 걷기 시작하던 시절에는 인지증認知症[1]을 '치매癡呆'나 '노망' 따위로 불렀습니다.

치매에 걸린 사람을 사회 한편-집이나 정신병원 같은 곳-에 숨긴 채, 행동과 의사 표현의 자유를 제한, 속박하며 약물에 절어 살게 했습니다. 부당하게 존엄을 침해하고 학대라 할 만큼 부적절한 관리가 공공연하게 이루어졌습니다.

20년이 훨씬 지난 지금 고령화는 더욱더 진행되고 우리에게 치매는 매우 절박한 문제입니다. 이제 사회는 치매 문제를 외면할 수 없습니다.

---

1 인지증 : 일본에서는 '치매癡呆'에 업신여기고 얕잡아 보는 뜻이 포함되어 있다는 문제의식으로 2004년 12월 후생노동성의 용어 검토회에서 '인지증認知症'으로 바꾸기로 결정. 한국에서는 치매를 사용하므로 본문에 치매로 옮김

치매를 치료한다 해도 일부 예외를 제외하고는 완전히 치료되지 않습니다. 따라서 많은 돌봄 인력이 치매환자와 좋은 관계를 유지하려고 시행착오를 겪습니다. 적합한 방법을 찾아내지 못해 고생을 거듭하는 실정입니다.

현장에서는 대부분 경험이나 직감을 기초로 치매환자를 돌보는데 근거를 못 갖춘 방법으로는 잘 되든 안 되든 불균형을 일으킵니다. 돌보는 방법이 잘못되어 치매환자가 불안해지면 망상이나 폭언이 나타나 돌보는 이도 힘들어집니다.

먼저, 치매에 걸렸다고 전부 다 모르지 않는다는 말씀부터 드립니다. 돌보는 방법에 따라 안정을 되찾기도 합니다.

하지만 우리는 대부분 치매환자를 자기 가치관에 억지로 맞추려 하고, 치매환자가 힘들어해도 그 사실을 알려 하지 않습니다.

치매환자를 올바르게 이해하고 다가가면 그 증상이 완화됩니다.

'다가가자' 하면 '그건 이상일 뿐 현실은 그럴 여유가 없다'는 의견이 나오는 걸 저는 여러 번 체험했습니다. 하지만 실제로는 다가감으로써 돌보는 데 드는 수고와 시간이 줄고 돌보는 이와 환자 본인은 힘이 덜 듭니다. 그런데 자세한 접근법을 모르는 사람이 많습니다.

'다가감'이란 치매환자를 바꾸려 하지 않고 돌보는 이가 가까이 다가가 환자의 현재 모습 그대로를 받아들이는 것입니다. 그러면 그동안 무시당했던 사람의 자존감이 높아지고 존엄을 회복합니다. 또한 자신의 존엄을 인정해 준 이에게 치매환자가 다가

옵니다.

치매환자의 존엄은 돌보는 이의 존엄과 무관하지 않습니다. 치매환자의 존엄이 지켜진다면 돌보는 저 자신의 존엄도 위협받지 않음을 치매환자를 돌보며 깨달았습니다.

그러한 생각으로 지금까지 체험하고 시도하여 얻은 것, 즉 치매환자의 존엄을 지키기 위한 실천과 지식을 이 한 권에 가득 담았습니다.

치매로 고통 받는 당사자와 가족 그리고 돌봄 종사자 여러분에게 기쁜 소식이 되기를 희망합니다.

제1장

치매
올바로 이해하기

이 책은 총 7장 구성이며 각 장의 꼭지들은 독립된 사례입니다.

어느 장부터 읽으셔도 좋으나 되도록 먼저 제1장을 읽은 다음에 관심 있는 부분으로 가셨으면 합니다. 치매라는 질병을 제대로 앎으로써 치매를 앓는 이를 향한 이해가 깊어지기 때문입니다.

제1장에서는 치매가 어떤 병인지, 4대 치매라 불리는 알츠하이머형 치매, 혈관성 치매, 루이소체 치매, 전두측두엽 치매 그리고 조발성 치매의 특징과 각각의 유형별 관련성을 소개합니다.

치매환자에게는 뇌의 장애로 말미암은 기억 장애, 지남력 장애, 사고력과 판단력 저하, 실행 기능 장애 같은 핵심 증상이 발생합니다.

게다가 컨디션 불량 · 부적절한 환경 및 돌봄 · 불안 · 스트레스가 더해지면서 불안감 · 초조감 · 피해의식 · 망상 같은 심리 증상이 나타나거나 배회 · 폭언 · 폭력 · 불결 행위 같은 행동 증상이 나타나기도 합니다.

돌보는 이의 가장 큰 고민은 대부분 행동심리증상인데 적절한 돌봄을 통해 개선됨을 알아주셨으면 합니다.

1

주의 깊은 돌봄으로
치매 행동심리증상
개선

증상이 완화되는 돌봄

치매는 뇌의 기질적 장애로 기억력과 판단력, 실행 및 대화 같은 지적 능력이 저하되는 임상증후군입니다. 사회생활을 하는 데 심한 장애를 초래하는 상태를 '치매'라고 합니다.

치매는 초기 진단이 매우 중요합니다. 치매 판정을 일찍 받으면 진행을 늦추는 다양한 대응이 가능합니다.

본인이나 가족 문진을 중심으로 진단하므로 생활 모습 변화, 예를 들어 깔끔하던 사람이 목욕을 하지 않는 등 어떠한 변화라도 그때그때 기록해 두면 도움이 됩니다.

그 밖의 검사 방법으로는 혈액 및 소변검사, CT 및 MRI 검사, HDS-R[1] 들이 있습니다.

치매 증상은 크게 두 가지로 분류합니다.

하나는 핵심 증상인 질병 증상입니다. 기억장애, 날짜와 장소와 사람을 모르게 되는 지남력 장애, 이해력 및 판단력 저하, 실행 기능 장애 따위입니다.

다른 하나는 행동심리증상BPSD[2]인데 질병에 수반되는 주변 증상입니다. 이는 불안·초조, 배회, 흥분·폭력, 섬망, 환각·망상, 불결 행위, 우울감 같은 증상으로 나타납니다. 사람에 따라 BPSD가 나타나기도 그렇지 않기도 하기 때문에 치매 관리를 할 때 고민의 원인이 됩니다.

알츠하이머형 치매, 혈관성 치매, 루이소체 치매, 전두측두엽 치매 이 네 가지가 증상별 건수에서 상위를 차지하고 그 밖에 다른 치매도 있습니다. 완치 가능한 치매가 있는데 만성 경질막밑 혈종[3], 정상압 수두증[4], 갑상샘 저하증, 비타민 결핍증, 컨디션 불량이 이에 해당합니다. 또한 두부 외상, 뇌경색, 뇌염 후유증으로 치매가 발병할 수도 있습니다.

그럼 어떻게 하면 증상이 누그러지고 경우에 따라서는 개선될

---

1 HDS-R : 개정 하세가와長谷川식 간이 지능 평가 척도
2 BPSD : Behavioral & Psychological Symptoms of Dementia
3 만성 경질막밑 혈종 : 경질막밑 공간에 혈액이 고여 혹처럼 된 것 *경질막밑 : 경질막 아래 또는 경질막과 거미막 사이 *경질막 : 뇌막 가운데 바깥층을 이루는 두껍고 튼튼한 섬유질 막 *거미막 : 뇌나 척수를 덮고 있는 세 층의 수막 가운데 중간의 얇고 거의 투명한 막
4 정상압 수두증 : 뇌 내부의 공간이 커지는 수두증의 일종으로 뇌압이 상승하지 않음. 뇌척수액 흡수가 잘 이루어지지 않아 뇌를 압박해 발생. 고령 환자에게 많이 나타나고 보행 장애, 기억 장애, 요실금 증상이 나타남

제1장 치매 올바로 이해하기

까요?

먼저 치매의 원인부터 말씀드리겠습니다.

치매 증세가 나빠지는 1차 요인은 첫 부분에 썼듯이 뇌의 장애입니다. 그러나 동시에 수분 부족, 변비, 발열, 질병, 영양불량, 약물 부작용 같은 신체 요인과 불안, 고독, 스트레스, 무기력 따위의 심리 요인도 큰 관계가 있습니다. 소음과 강렬한 빛, 정든 집을 떠나야 하는 병원 입원이나 시설 입소 또는 익숙한 보호자가 다른 사람으로 바뀌는 등의 환경 요인이 증상을 악화시키기도 합니다.

바꾸어 말하면 신체, 심리, 환경 요인에 주의하면 증상이 누그러질 수 있습니다. 핵심 증상은 뇌 손상이므로 의학적인 개선은 어렵지만 본인과 돌보는 이 모두 고통스러운 BPSD는 적절한 관리를 통해 개선할 수 있습니다. 즉 악화 요인을 제거하면 됩니다.

물 마시기만으로도 증상 완화

———

쉬우면서도 효과가 좋은 것은 1일 1.5리터(수분 제한이 필요한 사람은 제외)를 기준으로 하는 수분 보충입니다. 고령자는 화장실 가는 게 귀찮아 물을 안 마시기 때문에 탈수 증상이 많은 편입니다. 탈수가 되면 의식 수준이 낮아져 치매가 악화할 수 있습니다. 멍하고 몽롱한 상태에 있던 고령자가 물을 마시는 것만으로도 제대로 반응하는 경우가 가끔 있습니다.

또한 균형 잡힌 식사를 하여 변비에 걸리지 말아야 합니다. 뇌와 장은 밀접한 관련이 있기 때문에 변비는 큰 적입니다. 그리고 약물 부작용이나 드러나지 않은 질병이 없는지 확인합니다. 불안해하거나 고독을 느끼지 않게 하기 위해서는 치매환자가 마음을 드러내도록 이야기를 잘 들어주는 것도 중요합니다.

행동을 억제하거나 부정하지 않습니다. 치매환자를 바꾸려 하지 않고 현재 상태 그대로 수용합니다. 인생의 선배로서 공경하며, 어린아이 다루는 듯한 말투나 반말도 자존심 상할 테니 삼가야 합니다.

또한 스트레스를 주지 않도록 환경 전반을 신경 써야 합니다. 차분하게 지낼 수 있도록 큰 소리를 내지 않습니다. 낮에는 되도록 햇볕을 쬐게 하고 저녁에는 오렌지색 전구를 이용해 불을 밝히는 게 좋다고 합니다. 이러한 것도 BPSD에 대응하는 방법입니다.

시설에 있다면 침대 옆에 가족사진이나 친숙한 물건을 두어 환경 변화를 최소화하는 노력을 합니다.

치매환자는 의사소통 능력이 떨어져 자기 기분이나 생각을 전달하지 못하니 항상 스트레스를 받습니다.

BPSD가 악화하는 요인 중 하나가 증상만 보고 '사람'은 보려 하지 않는 돌보는 쪽에 있음을 잊어서는 안 됩니다.

2

마음을
움직이는
돌봄

치매는 개별 관리가 필요

치매환자를 돌보며 고민하는 것은 앞에서도 언급한 불안·초조, 배회, 흥분·폭력, 섬망, 환각·망상, 불결 행위, 우울감 같은 행동심리증상BPSD입니다.

BPSD는 신체·심리·환경을 조절하면 개선할 수 있습니다. 그래서 치매환자의 생활 이력, 가치관, 성격, 직업, 취미, 기호, 가족 구성, 병력 사항 따위를 아는 것이 대단히 중요합니다.

예를 들어 폭언이나 폭력을 쓰는 치매환자의 경우, 치매 때문에 그런 증상이 나타났는지 아니면 원래 성급하고 평소에도 폭언이나 폭력을 쓰는지 파악합니다. 만약에 BPSD라면 개선할 수 있습니다. 마찬가지로 원래 신경질적이며 꼼꼼하고 빈틈없는 사람이 치매에 걸리면 불안감이 점점 강해지기도 합니다. 이처럼 한 사람 한 사람의 배경을 알고 이해하지 않으면 BPSD에 대처할 수 없습니다.

저는 치매환자에게 개별 관리가 필요하다고 생각합니다. 그러나 돌봄 현장에서는 직원 부족이 심각해—개별 관리는 이용자 한 사람 한 사람에게 시간을 할애해야 하기 때문에— 현실에서는 불가능하다는 말을 시설 경영자나 직원에게 듣습니다.

개별 관리를 하면 정말로 시간이 더 걸릴까요?

치매환자의 개별성을 파악하여 스트레스를 받지 않는 범위에서 돌보면 몸과 마음이 안정됩니다. 그뿐만 아니라 서로 믿음이 생깁니다. 또한 신체 각 부분과 행동 패턴을 파악하게 되므로 넘어짐을 포함한 사고 예방으로도 이어집니다. 결과로 개개인에 걸리는 시간이 단축됩니다.

기억장애로 좋은 일이든 나쁜 일이든 잊어버리는 치매환자와 어떻게 신뢰 관계를 쌓을까요?

마음을 움직이는 돌봄이 중요합니다. 특히 알츠하이머형 치매환자는 기억을 관장하는 해마라는 뇌 영역이 눈에 띄게 위축되어 기억장애가 생기는데, 감정을 관장하는 편도체라는 기관에서 감정만은 기억한다고 합니다.

따라서 치매환자가 싫어하는 일은 하지 않고 못하는 일은 시키지 않으며 자신감을 가질 수 있도록 적극 개입하여 치매환자가 긍정적인 감정을 갖도록 돌봅니다.

눈치채셨겠지만 이것은 우리 인간관계에서도 두루 통하는 점입니다.

하루에 15분 정도만 경청해도 돌봄이 편해져

—

전문 훈련이 필요하지만 15분 정도의 경청은 매우 효과가 있습니다. 여기서 말하는 경청은 치매환자와 시선과 호흡을 맞추어 자유롭게 감정을 표출하게 하고 거기에 공감하는 것입니다. 조언하거나 의견을 말하지 않습니다.

예를 들어 외롭다고 하면 '아, 외로우세요' 하며 공감하고 '무슨 외로운 일이 있으셨어요?' 이렇게 물어 감정이 깊어지게 합니다. 그렇게 이야기를 나누다 보면 치매환자가 끝없이 말을 해서 15분 만에 끝나지 않을 거라고 생각할 수도 있습니다. 그러나 걱정하실 필요 없습니다. 한숨 돌릴 때 끝나는 사인이 있으니 그 틈을 놓치지 않으면 됩니다. 시간이 길어지면 오히려 돌보는 이의 집중력이 떨어져 잡담이 되고 맙니다.

하루에 15분 정도는 잘 궁리하면 확보할 수 있으리라 생각합니다. 치매환자가 직원에게 좋은 감정을 느껴 안정이 되면 직원의 마음이 편안해지고 따라서 치매환자도 편안해집니다. 그렇습니다, 서로의 마음은 거울처럼 반영됩니다.

아무리 삶의 대부분을 인복이 많고 풍족하게 살았다 해도 인생 마지막 무대가 외롭다면 자신의 삶이 행복했다 여기며 마감하지 못할 것입니다.

저희가 하는 일은 고령 어르신의 인생 황혼 녘에 '돌봄'으로써 빛이 되는 가치 있고 뜻깊은 일입니다.

3

도둑맞았다는
망상의 암시

가장 가까운 사람을 범인으로

———

"부끄러운 얘기지만 내 딸이 나 없는 사이에 집에 들어와 옷이
랑 커튼을 훔쳐 가요."

시설 근처에 사는 구사모토 가즈에(90세, 여) 씨가 이렇게 털어
놓았습니다.

"나는 남편을 일찍 여의고 혼자서 딸을 키웠어요. 딸을 부족함
없이 키우려고 중노동도 마다 않고 남자들 틈에 끼어서 일했지
요. 그런데 딸은 내 물건을 훔쳐 가네요. 간밤에도 잠 안 자고 딸
이 못 오게 망을 봤는데 어느새 잠옷을 훔쳐 갔어요. 딸에게 전화

해서 돌려 달라니까 잠옷 같은 건 모른다고 시치미를 떼지 뭐예요."

눈이 퉁퉁 부은 채로 말을 잇는 구사모토 씨는 치매기가 있고 딸이 물건을 훔쳐 간다는 얘기는 처음이 아닙니다.

"집에 있으면 딸이 물건을 훔쳐 가니까 시설에 들어가게 해 줄 수 없나요? 내가 시설에 들어가면 딸은 분명히 좋아할 거예요. 그치만 나는 그런 딸이라도 예뻐요."

이날은 시설 입소를 부탁했습니다. 시설에 들어오려면 딸의 승낙이 필요하다고 말씀드리니 내키지 않는 눈치였지만 받아들였습니다.

며칠 후 이번에는 딸에게서 전화가 왔습니다. 어머니가 매일 밤 전화를 걸어 훔치지도 않은 물건을 돌려 달라고 졸라대니 밤에도 마음 놓고 잘 수가 없어서 힘들다고 지친 목소리로 말했습니다.

물건을 도둑맞았다고 주장하는 사람은 가장 가까이서 보살펴 주는 이를 범인으로 지목하는 경우가 많다는 말을 해 주었습니다. 그리고 구사모토 씨가 시설 입소를 의뢰한 사실을 전달하자 딸은 안심하는 눈치였습니다.

도둑맞았다는 망상 상담을 자주 하는데 정말 가장 가까운 사람일수록 범인 취급당하기 십상입니다.

가족을 지원하는 일은 저희의 중요한 역할입니다. 돌봄 고민을 들으면 우선은 돌보는 이를 위로한 후 혼자 끌어안고 있지 말고 함께 생각해 보자며 저희 마음을 전달합니다.

얼마 후 구사모토 씨는 시설에 입소했습니다. 며칠 동안은 딸이 훔쳐 가지 않아 다행이라며 좋아하던 구사모토 씨가 이번에는 돌봄 직원이 방에 들어와 물건을 훔쳐 간다고 호소했습니다.

돌봄 직원은 구사모토 씨의 말을 부정하지 않고 경청하기로 했습니다. 구사모토 씨는 물건을 도둑맞았다는 하소연을 할 만큼 하고 나면 자기가 얼마나 고생하며 살아왔는지를 이야기합니다. 그런 걸 사흘이 멀다 하고 합니다.

직원을 배려해 하소연 줄여

어느 날부터 물건을 도둑맞았다는 구사모토 씨의 하소연이 줄었습니다. 시설에 새로 들어온 이용자가 오래 전부터 있던 사람들이 자신을 흉본다고 생각해 큰 소리로 말다툼을 벌인 일이 있고 나서였습니다.

그 후에도 비슷한 언쟁이 끊이지 않았습니다. 돌봄 직원은 어떻게 해야 진정시킬 수 있을지 시행착오를 겪었습니다.

그런 직원을 보고 있던 구사모토 씨가 "나 때문에 당신들이 성가시면 안 되지" 하더니 도둑맞았다는 하소연을 삼갔습니다.

고생하며 살아온 구사모토 씨가 애쓰는 직원을 보고 마음을 바꾼 것입니다. 저희가 예상치 못한 일이었습니다.

인생을 도둑맞았다는 생각

———

　도둑맞았다는 망상이 개선 안 되는 건 아니지만 보통 범인이나 빈도가 바뀌며 계속됩니다. 망상이 없어지는 것은 치매가 중증이 되어 말을 걸어도 반응하지 않고 자신 안에 틀어박힐 때입니다. 그렇게까지 치매가 진행된 이용자를 볼 때면 도둑맞았다고 하소연할 때가 더 활기찼다며 그때를 회상하는 일이 여러 번 있습니다.

　나이가 많이 들수록 시간도 많이 생깁니다. 그러니 그동안의 자신을 되돌아보게 됩니다.

　망상은 자신의 삶을 인정하지 못하며 되돌리고 싶은 과거나 남겨둔 과제가 있는 치매환자가 잃어버린 시간과 사람과 물건을 도둑맞았다고 하소연하는 게 아닐까 합니다.

4

사회 규칙을
못 지키는 이유

치매로 보이지 않아도

———

"이 사람, 여기 이용자 맞죠?"

동네 잡화점 주인이 우리 시설에 와서 '유모토 루리코'라는 이름이 적힌 종이를 내보였습니다.

가게 주인이 흥분하기에 무슨 일이냐고 물으니 요즘 유모토 씨가 매일 가게에 와서 돈도 안 내고 물건을 가져간다고 빠르게 말했습니다.

치매라 생각하고 너그럽게 봐준 모양인데 그날은 가방에 꽃을 넣고 그냥 나가려 하길래 주소와 이름이 뭐냐고 물었답니다.

벌벌 떨며 거짓 주소와 이름을 대니 가게 주인이 우리 시설을 가리키며 말했다고 합니다.

"손님이 바로 저곳에 드나드는 걸 봐서 알아요. 진짜 주소와 이름을 이 종이에 쓰세요."

유모토 씨가 종이에 실제 주소와 이름을 썼기 때문에 가게 주인은 이 사람은 치매가 아니라고 생각하는 눈치였습니다. 그래서 안 되겠다 싶어 저희 시설로 찾아온 모양입니다. 저는 가게 주인에게 사과하고 무슨 일이 있으면 바로 연락해 달라며 협조를 부탁했습니다.

"정말 돈 안 내고 꽃을 가져오려고 하셨어요?"

가게 주인이 돌아간 후에 묻자 유모토 씨는 고개를 떨구고 입을 한일자로 꾹 다문 채 아무 말도 하지 않았습니다. 왜 가명을 썼는지 확인하고 싶었지만 차마 더 이상 묻지 못했습니다.

이 일을 근처에 사는 딸에게 알렸습니다. 여북 놀라실까 걱정했는데 차분하게 받아들이며 나중에 가서 사과하겠다고 했습니다.

유모토 루리코(74세, 여) 씨는 배우자를 여의고 혼자 살았습니다. 저희 시설을 이용하기 전에는 두문불출에 혼자 식사도 할 수 없는 상태였습니다.

걱정하던 딸이 일을 쉬고 함께 가서 진찰을 받았는데 가벼운 알츠하이머형 치매였습니다. 그 후로 돌봄 서비스를 이용하게 되고, 원래 친화력이 좋은지 친구들도 생겨 점점 건강해졌습니다.

불안과 외로움을 쇼핑으로 달래

유모토 씨는 혼자 생활하는 데 신체상의 문제가 없습니다. 말하기 좋아하고 취미가 많습니다. 건망증이 있지만 생활에 별 지장은 없습니다.

그런데 남편이 먼저 떠난 불안과 외로움을 쇼핑으로 달랩니다. 갖고 싶은 게 있으면 돈이 없어도 수중에 넣고 싶은 욕구를 억제하지 못해 충동적인 행동을 합니다.

그것이 발각되어 가게 주인이 추궁하니 스스로 이해는 안 되지만 나쁜 짓을 했나 보다 싶어 그만 가짜 주소와 이름을 쓴 게 아닐까 합니다. 다시 말하면 치매 때문에 자신이 병에 걸렸다는 자각이 없고 이해력과 판단력이 떨어져 자신의 행동을 억제하지 못한 것입니다.

가게 주인도 고민했듯이 몸을 움직이는 데 문제가 없는 치매 환자는 잠깐 만나서는 치매인지 알아차릴 수 없습니다. 그래서 사회 규칙을 못 지키는 이유가 치매 때문임도 인지하기 어렵습니다.

그 후 딸이 가게에 가서 사과했습니다. 그리고 시간을 내서 어머니가 어떤 마음인지도 듣고 다음부터는 주의하시라 부탁도 했다고 합니다.

그리고 앞으로 같은 일을 반복하지 않도록 돌봄 서비스를 좀 더 이용하려고 케어 매니저[5]에게 의뢰했습니다. 유모토 씨가 외로워하지 않도록 혼자 있는 시간을 최대한 줄이기 위해서입니다. 저희도 유모토 씨가 불편한 일은 없는지 살피며 협력하기로 했습니다.

그 다음부터 돈 안 내고 물건을 가져오는 일은 없어졌습니다. 그러던 어느 날 다 먹지 못할 정도로 간식을 사는 유모토 씨에게 말을 건넸습니다.

"별일 없으시죠?"

조금 생각하더니 상냥한 미소를 지어보이며 말했습니다.

"너무 많이 샀는데 같이 먹을래요?"

---

5 케어 매니저 : 돌봄이 필요한 분이 노인장기요양보험 서비스를 받도록 서비스 계획서 작성, 서비스 사업자와 조정 실시 등 노인장기요양보험 관련 돌봄을 지원하는 전문가. 재가 돌봄 지원 사업소나 특별 양호 노인 홈 등의 시설, 지자체의 돌봄 상담 창구가 되는 지역 포괄 지원 센터, 돌봄 용구 대여 사업을 하는 민간기업 등에서 일함 *노인장기요양보험 : 일본의 '개호보험'을 여기서는 한국 명칭으로 옮김. 2006년 개정 일본 개호보험은 총 7단계로 예방 급여인 요지원 1, 2와 개호 급여인 요개호 1~5인데 본문에서는 '개호'라는 단어를 피해 '돌봄'으로 통일해서 옮김

5

감정 기복이 심한
혈관성 치매

격분도 병 때문이라는 걸 알았더라면

———

고지마 마쓰에(79세, 여) 씨는 뇌경색이 온 뒤부터 건망증이 나타났으며 진단 결과 혈관성 치매였습니다. 다행히 치매 말고는 눈에 띄는 후유증이 없고 일상생활에 별 문제가 없어 혼자 살았습니다.

그런데 장 보러 갔다가 넘어져 가게 주인이 모셔 오는 일이 거듭되면서 아들 내외와 함께 살게 되었습니다. 고지마 씨는 아들과 며느리의 결혼을 반대했기 때문에 며느리와 사이가 좋지 않았습니다.

함께 산 지 얼마 되지 않아 고지마 씨가 냄비를 태워 불이 날 뻔했습니다. 그 일이 있고 아들이 가스 개폐장치를 잠가 버려서 고지마 씨는 스스로 식사 준비를 할 수 없게 되었습니다. 그래서 2층에 사는 아들이 자기네 주방에서 만든 음식을 1층 고지마 씨 방으로 가져다주었습니다.

원래 고지마 씨는 감정 기복이 심한 편인데 혈관성 치매에 걸리고 나서 그 성향이 점점 강해졌습니다. 싱글벙글하다가도 갑자기 화를 내거나 울기 때문에 아들이 그 감정 변화의 원인을 모르니 덩달아 어머니에게 큰 소리를 지를 때가 여러 번 있었습니다.

혈관성 치매의 특징 중에 사소한 일로 감정을 드러내는 감정 장애가 있습니다.

아들은 어머니의 감정이 급변하는 원인이 혈관성 치매와 관련 있다는 걸 이해하지 못했습니다. 만일 그걸 알았다면 좀 더 마음에 여유가 생겨 어머니를 대하는 방식도 달라졌을 것입니다.

근처에 사는 딸이 어머니가 걱정돼 자주 찾아갔습니다. 어느 날 고지마 씨가 딸에게 진지하게 말했답니다.

"2층에 어린아이가 있어. 며느리가 나한테 숨기고 제 아이를 데려 왔나 봐. 배고플 테니 뭐 먹을 것 좀 갖다 주면 좋겠다."

딸은 반신반의하며 2층을 들여다봤지만 그런 아이가 있을 리 없습니다. 아들 내외에게는 아이가 없습니다. 아들은 젊었을 때부터 병약하여 매우 늦게 결혼했습니다. 며느리는 재혼인데 전 남편 사이에 아이가 있지만 이미 성인이 되어 먼 곳에 삽니다.

다른 날은 또 며느리 셋이 돌아가며 집에 오는데 이번에 온 며느리는 하얀 원피스를 입어서 귀엽다고 했답니다. 그 후에도 며느리가 자기 옷을 훔쳐 입는다고 애먼 소리를 하니 결국 아들이 집에서 돌보기를 포기하여 고지마 씨는 시설에 입소했습니다.

치매에 걸린 사람은 변화에 약하고 스트레스를 받기 쉬우니 식사 준비 같은 역할 상실이나 가족과의 불화가 환시나 망상으로 이어졌을 것입니다.

점검받는 유대 관계

고지마 씨는 시설 입소 후 감정 장애가 있었지만 아들네에서 함께 살 때처럼 있을 리 없는 어린아이나 며느리 셋이 보이는 일은 없었습니다.

아들 내외는 고지마 씨가 있는 시설에 한 번도 면회를 가지 않았습니다.

고지마 씨가 오랜만에 아들을 만난 것은 아들의 장례식 날이었습니다. 고지마 씨는 그동안 참아 온 슬픔을 토해 내듯 흐느껴 울었는데 아들 때문에 눈물 흘린 건 그때뿐이라 들었습니다.

인생의 마지막 시기를 집에서 가족과 지내고 싶어 하는 것은 자연스러운 일입니다. 그러나 막상 돌봄을 받아야 하는 상태가 되어 가족의 도움이 필요하게 되면 그동안의 유대 관계를 점검받는 모양입니다.

6

과거 일로 고뇌하는
루이소체
치매환자

루이소체 치매의 특징

———

치매는 그 원인에 따라 다양한 종류로 나뉩니다.

대표할 만한 치매는 알츠하이머형 치매, 혈관성 치매, 루이소체 치매, 전두측두엽 치매로 이를 4대 치매라 부릅니다.

사토 도모코(85세, 여) 씨는 루이소체 치매입니다. 루이소체 치매의 특징은 환시, 파킨슨병의 운동 증상인 경직, 렘수면행동장애[6] 출현 등이 있습니다.

———

6 렘수면행동장애 : 수면 상태에서 비정상으로 근육의 긴장도가 낮아지지 않아 꿈의 내용을 실제 행동으로 옮기는 증상. 소리를 지르거나 발로 차거나 주먹을 휘두르거나 드물게는 집 밖으로 나가거나 뛰어내리려고 하는 동작을 하기도 함

인연을 맺은 지 반년이 지났을 무렵 사토 씨가 갑자기 사무실에 와서 미안한 표정을 하고 목욕 수건으로 감싼 인형을 보여 주었습니다.

"사실 저한테 아이가 있는데 함께 살아요. 지금까지 숨겨서 미안해요. 이름은 하루예요."

예뻐서 어쩔 줄 몰라 하는 표정으로 말했습니다. 밥을 먹였는지 입언저리가 지저분했습니다. 저는 대꾸할 말을 찾지 못했습니다.

사토 씨가 친해져서 믿는 사람에게만 하루를 소개한다는 사실을 시간이 꽤 지난 다음에 알았습니다.

몇 달 후 저녁 무렵 사토 씨 댁을 방문했을 때 부엌 쪽에서 고함 소리가 들렸습니다.

서둘러 가보니 사토 씨가 벽에 부딪치며 뛰어다녔습니다. 놀라서 왜 그러시냐고 묻자 남자가 칼을 들고 달려들었다는 겁니다. 그날은 함께 있으면서 진정된 걸 확인하고 돌아왔습니다.

어느 날은 이런 하소연을 했습니다.

"천장에 벌레가 들끓으니 잡아주면 좋겠어요."

여러 번 천장을 올려다보고 찾아봐도 벌레는 보이지 않았습니다.

"미안해요. 저는 벌레를 못 잡아요. 벌레가 있으면 불안하세요?"

이렇게 묻자 슬픈 표정을 짓더니 자신의 지난날을 이야기했습니다. 결혼하고 딸을 둘 낳았지만 화재로 자기 혼자 살아남은 일,

재혼했는데 결혼 생활이 순탄치 않아 힘들게 지낸 일, 그런 이야기를 하는 모습에서 저는 그 인형에 묻어둔 사토 씨 마음 한 편을 읽었습니다.

인생의 남은 과제

그 후 사토 씨는 불면증과 환시 때문에 진료를 받고 약을 처방받았습니다. 루이소체 치매는 복약 조정이 어려워 증상이 악화하는 경우가 있습니다.

사토 씨는 안 그래도 종종걸음이었는데 보행 상태가 점점 불안정해져 넘어지기를 반복했습니다. 또한 환시도 더욱 심해졌습니다. 결국 넘어져서 입원한 것을 계기로 '특별 양호 노인 홈[7]'에 입주했습니다.

많은 치매환자를 겪으며 이런저런 생각을 합니다.

치매에 걸려 지적 능력이 낮아지면 그동안 억누른 인생의 미해결 과제가 치매 행동심리증상BPSD으로 나타나는 경우가 있지 않나 싶습니다.

그렇기에 얽힌 과거의 과제를 함께 풀어보려 합니다.

---

7 특별 양호 노인 홈 特別養護老人home : 집에서 생활하기 어려운 돌봄 3~5등급(일본의 경우) 고령자가 입주하는 공적인 돌봄 노인복지 시설의 하나로 민간 운영인 '유료 노인 홈'에 비해 요금이 저렴하여 입주 대기자가 많음. 입주 조건이 까다롭고 대기 상황은 지역 차가 크며 원칙으로 종신까지 일상생활(목욕, 배설, 식사)과 기능 훈련, 건강관리 등 요양 상의 돌봄을 받음 *노인 홈: 예전에 '양로원'이라 했던 곳을 포함하여 노인이 들어가 사는 시설의 총칭

7

주의 깊게 지켜볼
전두측두엽
치매환자

매끼 주먹밥과 바나나

———

마에다 고지(73세, 남) 씨는 부인을 먼저 떠나보내고 혼자 살았습니다.

아침마다 근처 슈퍼에서 주먹밥과 바나나를 사다가 매끼 먹는데 냉장고에는 유통기한이 지난 주먹밥과 바나나가 가득했습니다. 오후가 되면 좋아하는 차를 몰고 노인정에 갑니다. 그것을 일과 삼아 생활했습니다.

2, 3년 전부터 담이나 벽에 차를 부딪치는 일이 빈번해 근처에 사는 아들이 운전면허를 반납하라고 설득했지만 완강히 거부했

습니다. 걱정하던 아들이 상담센터를 찾았습니다.

상담원이 마에다 씨를 방문하여 물었습니다.

"차를 운전할 수 없게 되면 안 되는 일이라도 있으세요?"

"날마다 차 몰고 노인정에 가는 게 낙인데 운전을 할 수 없게 되면 못 가잖아."

"최근에 차를 집 담벼락에 부딪쳤다고 하던데요. 아드님이 걱정하세요."

"지금까지 사람을 치거나 하는 큰 사고를 일으킨 적은 없어."

"그런데 식사를 늘 같은 걸로 드시면 영양이 부족하지 않을까요?"

"매달 병원에 가서 혈액검사를 하는데 안 좋은 곳이 하나도 없어."

상담원은 더 이상 대화가 안 돼 맥없이 돌아왔습니다.

그러고 나서 몇 달이 지난 어느 날 아들이 상담원에게 아버지가 또 집 근처 담에 차를 부딪쳤다는 연락을 했습니다. 아들과 상담원은 차를 수리하지 말고 폐차하고, 마에다 씨가 치매 전문병원에서 진료를 받도록 설득하자는 데 의견을 모았습니다. 설득 끝에 마에다 씨는 마지못해 병원에 갔고 전두측두엽 치매라는 진단을 받았습니다.

생활 방식을 되도록 깨뜨리지 않기

전두측두엽 치매의 특징은 남을 위한 배려 부족, 사회적 문제 행동, 정해진 행동을 반복하는 상동 행동, 식행동 이상[8], 자발성 저하 등이 있습니다. 주먹밥과 바나나를 계속 사는 것은 전두측두엽 치매에 해당하는 행동입니다. 대응할 때 주의할 점은 상동 행동을 막지 않고 되도록 당사자의 생활 방식을 깨뜨리지 말아야 합니다. 프로 간병사라도 전문 지식과 많은 배려가 필요합니다.

마에다 씨는 면허 갱신 시기에 의사와 아들의 조언에 따라 갱신을 하지 않았습니다. 상담원은 마에다 씨가 노인정에 가는 즐거움을 잃었기 때문에 그 대신에 주간 보호 서비스[9]를 권했습니다. 집에까지 차로 마중과 배웅을 해 주고 시설에서 식사를 하면 영양 걱정도 해소되고 생활에 활력을 줄 것으로 생각했기 때문입니다.

마에다 씨는 주간 보호 서비스를 몇 번 이용했는데 차로 모시러 가도 그 시간에 집에 없는 일이 잦아 결국 서비스를 중단했습니다. 상담원이 여러 번 자택을 방문했으나 마에다 씨가 지금의 생활에 만족한다고 해서 아무것도 바꾸지 못했습니다.

식사는 아들이 쉬는 날에 만들어 함께 먹기로 했습니다. 그러나 아들이 만든 음식을 마에다 씨가 먹지 않아도 강요하지 않으려고 조심했습니다. 그리고 혼자서 살지 못할 때까지 최대한 환

---

8 식행동 이상Eating Disorder : 정신, 생리 또는 과도한 식이 요법의 부작용으로 음식 섭취에 장애가 생기는 질환이며 대표 증상은 거식증과 폭식증
9 주간 보호 서비스 : 당일에 차로 이동시켜 주며 식사, 목욕, 기능 훈련을 제공하는 일일 서비스

경을 바꾸지 않는 선에서 지원하기로 했습니다.

그 후 오랜만에 아들을 만났을 때 아버지를 자기 집으로 모셔 갔다는 말을 들었습니다. 걱정이 되어 "많이 힘드시죠?" 했더니 뜻밖에도 밝게 말했습니다. "변함없이 당신 방식대로 사시는데 며느리와 손자에 둘러싸여 잘 지내세요."

가족의 돌봄 능력에 새삼스레 고개가 숙여졌습니다.

제1장 치매 올바로 이해하기

8

일찍 발견하기
어려운
조발성 치매

우울증이나 조현병으로 오진하기도

—

치매는 고령자만 걸리는 질병이 아닙니다. 나이가 듦에 따라 유병률이 높아지지만 젊어도 증상이 나타납니다. 그게 바로 18세 이상 65세 미만에 발병하는 조발성 알츠하이머 치매입니다.

2010년부터 2년 동안 저는 히로시마현 조발성 치매 대책 검토 전문가그룹의 일원으로서 설문과 면접으로 조발성 치매 실태 조사를 했습니다. 그 조사 경험으로 봐서는 발표된 데이터보다 실제 조발성 치매환자가 훨씬 많지 않을까 추측합니다.

왜냐하면 본인, 가족, 의료 관계자들이 조발성 치매에 관한 이해가 부족하여 이상 없음, 우울증, 조현병, 건강 염려증 같은 것으로 진단받은 사람이 많았기 때문입니다. 또한 면접한 사람 중에는 병원을 여러 군데 돌고 나서야 겨우 조발성 치매 진단을 받은 사람이 여럿 있었습니다.

조발성 치매는 고령자의 치매보다 진행이 빠르다고 합니다. 조기 발견하면 치료와 지원 방법의 폭이 넓은데 발견이 늦을수록 본인과 가족의 고통이 점점 깊어집니다.

또한 조발성 치매는 당사자가 가장인 경우가 많아 경제 문제가 가족을 무겁게 짓누릅니다. 아이들이 미성년이면 더욱더 그렇고 교육, 취직, 결혼 따위에도 커다란 영향을 미칩니다. 배우자가 돌보는 경우 배우자도 일을 제대로 할 수 없으므로 신체, 정신, 경제, 사회 면에서 큰 부담이 됩니다. 젊은 나이에 발병하는 까닭에 생기는 고민입니다.

처음에는 주로 가족이 증상을 알아채고 다음으로 본인, 직장 사람 순이었습니다. 알아챈 증상으로는 '건망증'이 제일 많은데 말하거나 들은 걸 금방 잊고 약속이나 물건 둔 곳을 자주 잊어버립니다.

그 밖에 집안일·운전·돈 계산이 서둘러지거나 길을 잃는 행동 변화, 성격이 급해지거나 소극적으로 바뀌는 성격 변화, 같은 말을 여러 번 하고 말투가 거칠어지거나 말이 잘 안 나오는 언어 변화 들을 들 수 있습니다. 날짜나 시간을 잘 모르는 경우도 있습니다.

고령자도 해당합니다만 조발성 치매환자 중에는 현역으로 일하는 사람이 많은데 직장에서 거듭되는 실수가 치매 발견으로 이어진 사람도 있습니다.

조기 진단이 중요한데도 본인에게 동의받기가 어려워 가족이 고생합니다. 치매 같으니 병원에 가 보자고 하면 당사자는 자존심이 상합니다. 건강이 걱정되니 함께 병원에 가 보자고 가족이 설득하면 그다지 저항감 없이 진단으로 이어졌다는 설문 결과가 있습니다.

아무리 해도 거부하는 경우에는 가족이 대신 의료기관을 찾아가 상담을 하고, 지병으로 통원 치료 중이라면 주치의에게 전문의를 소개받는 방법도 있습니다.

아직도 불충분한 지원 체제

치매 진단 결과를 알릴 때에는 당사자도 뭔가 이상하고 불안하게 느낀다는 걸 염두에 둘 필요가 있습니다. 진단 결과를 듣고 지금 상태가 자기 잘못이 아니라 질병 때문임을 이해하고 치료에 적극적인 사람도 있습니다.

한편으로 당사자와 가족이 좀처럼 질병을 받아들이지 못하는 경우도 있습니다. 진단 결과 통지를 받을 때에는 당사자의 성격과 가족의 이해도 그리고 통지 후의 지원 체제가 중요합니다. 그러나 노인장기요양보험은 고령자를 대상으로 하기 때문에 조발성 치매환자의 요구에 맞는 서비스 자체가 적은 게 현실입니다.

저희 주간 보호 서비스에서는 조발성 치매환자를 이용자로서가 아니라 자원 활동가로서 받아들이는 시도를 해 보았으나 안타깝게도 본인이 고령자 사이에 있는 걸 불편하게 느껴 잘 되지 않았습니다.

얼마 전에 저희와 같은 노력을 하는 주간 보호 서비스가 텔레비전에 나왔습니다. 거기에서는 조발성 치매 당사자가 그 서비스에 익숙해져 자원 활동이나 일을 하는 걸 보고 저희 시설도 포기하지 않고 다시 도전하려고 합니다.

조발성 치매환자는 해마다 증가합니다. 지금 제도로 조발성 치매환자를 지원하는 데에는 한계가 있어 가족이 부담을 피할 수 없습니다. 사회 자원을 더욱더 늘리고 조발성 치매에 관한 지식과 이해가 깊어지기를 기대합니다.

9

늘 행복한
치매환자가
주위를 치유

뇌의 변이가 원인이지만 가족의 도움도 커

———

"스미코 씨, 차 드세요. 과자도 있어요."

우에다 마사루(78세, 남) 씨는 주간 보호 서비스를 이용할 때 항상 시모다 스미코(88세, 여) 씨를 챙깁니다.

시모다 씨는 중증 치매라 의사소통이 안 됩니다. 말을 걸면 애매하고 의미를 알 수 없는 대답을 듣게 될 때도 있는데 여느 때는 생글생글 웃습니다.

치매에 걸리면 일방적으로 주위 사람이 힘들고 인내해야 하고 수고스럽다고만 생각했는데 시모다 씨는 왠지 존재만으로도 다른 이용자와 직원의 마음을 따뜻하게 합니다.

처음 시모다 씨 댁을 방문했을 때 방에 침대 2개가 나란히 있었습니다. 남편분 말로는 다른 방도 있지만 아내가 걱정돼 한방에서 지낸다고 했습니다. 그런데 남편분이 겉으로는 건강해 보여도 돌봄이 필요한 상태입니다. 그래서 이웃에 사는 아들 내외가 두 분을 돌봅니다.

아침에 시모다 씨 댁에 주간 보호 서비스 직원이 모시러 가면 언제나 며느리가 준비를 하고 함께 현관 앞에서 기다립니다. 직원이 인사를 건네고 차로 안내하여 타시게 하면 며느리는 "다녀오세요" 하고 손을 흔들며 배웅합니다. 가끔 낯빛이 어두워 혹시 힘들어서 그러나 싶을 때도 있는데 대부분 웃는 얼굴입니다.

주간 보호 서비스에 도착해서 항상 앉는 자리에 앉으면 시모다 씨는 직원이 말을 걸지 않는 한 쭉 그 자리에 그대로 앉아 생글생글 웃으십니다.

한번은 입을 우물우물하는 것을 발견한 직원이 당황해서 입을 벌려 보니 티슈가 들어 있었습니다. 그 다음부터 시모다 씨 테이블에는 아무것도 놓지 않도록 신경을 썼습니다. 식사, 목욕, 화장실과 모든 걸 일일이 묻고 챙겨야 하지만 거부하지 않으니 시간은 걸려도 힘들지는 않습니다.

치매 행동심리증상BPSD에 '다행감'이 있습니다. 문자 그대로라면 행복을 많이 느낀다는 뜻이므로 당사자가 행복해할 거라고 생각하겠지만 의학적 견해는 다릅니다. 정신질환이나 치매가 원인인 뇌의 병적 이변으로 이유 없이 기분이 고양되는 감정 장애, 기분 장애입니다.

다행감의 위험 요소로 충동에 이끌리거나 말이 많아지고 병을 인지하지 못하며 주위를 배려하는 마음이 부족한 점이 있는데, 시모다 씨에게는 병을 인지 못하는 것 빼고는 없었습니다.

그래도 가족이 느끼는 돌봄 부담은 큰 것 같았습니다. 시모다 씨가 늘 행복한 상태인 것은 뇌의 병적인 이변 때문일 가능성이 크지만 가족의 도움 없이는 생각할 수 없습니다.

저는 치매에 걸려도 누군가의 마음을 치유할 수 있음을 시모다 씨를 보고 알았습니다.

어떻게 하면 그런 치매에 걸리는지, 원래 온화한 성격인지, 며느리에게 물어봤더니 빙그레 웃음과 함께 애매한 말만 돌아왔습니다.

10

프랑스에서
보험 비적용인
치매 치료제

효과에 의문 높은 부작용 위험

—

프랑스에서는 2018년 8월부터 항치매제 도네페질 Donepezil(상품명 아리셉트 Aricept), 리바스티그민 Rivastigmine(상품명 엑셀론 Exelon, 리바스태치 Rivastach[10]), 갈란타민 Galanthamine(상품명 레미닐 Reminyl), 메만틴 Memantine(상품명 메마리 Memary)[11]을 건강보험 적용 대상에서 제외했습니다.

프랑스 보건부는 단기 사용으로 경증 인지 기능 개선을 나타

---

10 리바스태치 : 한국에서는 사용하지 않는 약품 _감수자
11 메만틴의 대표적인 상품명은 오리지널 약 기준 에빅사 Ebixa _감수자

내는 데이터는 있으나, 장기간 유용성을 나타내는 증거가 없고 심각한 부작용과 다른 약과의 상호작용을 이유로 듭니다. 신문 보도를 통해 알고 그동안의 의구심이 풀렸습니다.

돌이켜보니 1999년에 아리셉트가 처음 발매되었을 때 제 주위에서도 건망증이 있는 고령자 다수에게 이 약을 처방했습니다. 그 후에 리바스티그민, 갈란타민, 메만틴이 발매되면서 우리는 완치 약이 나왔다는 기대에 부풀었지만 실망으로 끝났습니다.

제가 왜 이 약에 의문을 품었느냐면 돌봄 현장에서 이 약을 복용하는 이를 많이 만났는데 근거를 갖춰 약의 효과를 설명할 만한 사례가 별로 없었기 때문입니다[12].

물론 모든 치매환자에게 효과가 없다는 말은 아닙니다.

요코이 히사에(85세, 여) 씨는 남편을 여읜 후에 알츠하이머형 치매에 걸렸습니다. 혼자 일상생활을 할 수 있고 즉석에서 하는 대화도 문제가 없는데 친척이나 이웃 사람이 집에 와서 소중한 물건을 훔쳐 간다는 하소연을 했습니다. 그러다 보니 친하게 지내던 사람들이 요코이 씨를 떠나가고 혼자 살기 어려워져 시설에 들어왔습니다. 입소 후에는 물건을 도둑맞는 일이 없어졌다며 안

---

12 정신과 의사인 감수자의 지식과 경험은 조금 다르다. 정신과 교과서를 근거로 하면 항치매제(인지기능개선제)가 치매를 없애진 못하지만 치매환자에게 치매 악화 지연 효과가 있다고 알려져 있으며, 일부 치매 증상을 완화한다. 이를 통해 간병 부담을 줄이고 시설 입소를 늦출 수 있다. 도네페질, 리바스티그민, 갈란타민은 아세틸콜린 분해효소억제제에 속하며 주로 경도 및 중등도 치매 치료에 쓴다. 메만틴은 NMDA 수용체를 차단하여 효과를 발휘하며 중등도 내지 중증 치매 치료에 쓴다. 항치매제는 내약성이 좋은 편이나 소화기 부작용, 두통, 어지러움과 같은 부작용이 있을 수 있다. 모든 정신과 약이 그렇듯 경우에 따라 행동심리증상 BPSD 악화를 부를 수 있다. 부작용에 유의하여 낮은 용량부터 점차 최대 용량 가깝게 높여가길 추천하고, 부작용이 심할 경우에는 다른 약제로 전환을 고려해야 한다. 최근 교과서에서는 두 가지 약제를 신중하게 병합하면 치료 효과가 더 낫다고 언급한다. 오히려 일부 진료 현장에서 항치매제를 충분히 사용하지 않는다. 그리고 인지능력 저하, 낙상, 의존성 발생 부작용이 있을 수 있는 벤조디아제핀 계열 항불안제, 활동 능력의 저하를 가져오고 심혈관계에 악영향을 줄 수도 있는 항정신병약물을 과도하게 사용하기도 한다. 임상 현장에서 필요한 약을 적게 쓰고 불필요한 약을 많이 쓰는 게 문제. 약의 효과와 부작용을 견주어 잘 사용하는 지혜가 우리 모두에게 필요함 _감수자

정된 생활을 했습니다.

그런데 단 한 사람 마음을 터놓고 지내던 친구가 시설로 찾아왔을 때 "왜 내 윗옷을 훔쳐 갔느냐"고 따져 물었습니다. 그 친구는 요코이 씨가 걱정돼서 그동안 부지런히 찾아오다가 몸이 안 좋아 이번에는 오랜만에 면회를 왔습니다.

"요코이 씨가 물건을 도둑맞았다는 말을 여러 번 했는데 설마 내가 그 대상이 될 줄이야…."

친구는 충격을 감추지 못했습니다. 게다가 도둑맞았다는 옷은 그 친구가 선물한 거라고 합니다. 그때부터 친구의 방문이 줄고 요코이 씨는 방에 틀어박혀 멍하니 보내는 시간이 많아졌으며 말을 걸어도 대화가 통하지 않았습니다.

간호사가 의사와 상의한 결과 아리셉트 양이 늘었습니다. 그러자 이전처럼 대화를 할 수 있게 되었을 뿐만 아니라 공용 공간에서 다른 이용자와 지내는 일이 많아졌습니다.

그건 다행인데 이번에는 다른 이용자의 사사로운 언행에 화를 내거나 짜증을 냈습니다. 직원이 찬찬히 그 모습을 지켜보았는데 나아지지 않아서 다시 한번 의사에게 상태를 보고했습니다. 그 후 아리셉트 양이 줄어 잠시나마 짜증을 내는 일이 줄었습니다.

돌봄 같은 비약물 치료법의 중요성이 커져

아리셉트의 부작용으로 쉬 흥분하거나 화를 잘 내고 공격 증상이 나타나기도 합니다.

치매환자가 자기 컨디션 변화를 제대로 말하는 건 어렵기 때문에 복약 효과와 부작용을 곁에서 돌보는 이가 의사에게 적확하게 전달하는 것이 중요합니다. 그렇지만 당사자가 아니므로 아무래도 복약 조정이나 효과 측정이 어렵습니다.

프랑스는 치매 치료를 약물 치료법에서 간병과 포괄적 돌봄 같은 비약물 치료법으로 전환했습니다. 도쿄도의학종합연구소의 연구 보고서를 보면 일본에서는 85세 이상의 17%가 치매 치료제를 처방받으며 아직도 약물 치료법에 중점을 둡니다.

부작용 위험을 생각하면 치매 치료제를 처방받은 후에도 의사에게 유효성을 상세하게 평가받을 필요가 있습니다.

앞으로 일본에서도 그리 머지않아 약물 치료법을 재검토하는 시기가 오리라 생각합니다. 그러면 우리는 돌봄의 질과 전문성을 더욱더 요구받을 것입니다.

마지막까지
스스로 먹기 위한
구강관리

저희 시설에서는 구강 관리를 매우 중요시합니다. 마지막까지 자기 입으로 먹도록 돌봐 주면 이용자의 삶이 편할 거라 생각하기 때문입니다.

입안을 청결히 하고 몸 전체를 건강하게 함으로써 충치나 잇몸 질환 외에도 여러 가지 예방 효과가 있습니다.

첫째로, 치매를 예방합니다.

치아가 거의 없는데도 틀니를 하지 않은 사람일수록 치매에 걸릴 위험성이 높다는 데이터가 있습니다. 이가 없으면 음식을 못 씹는데 씹으면 뇌에 좋은 자극을 주므로 치아를 유지하면 치매가 예방됩니다.

둘째로, 흡인성 폐렴을 예방합니다.

고령자 사망 원인으로 손꼽히는 흡인성 폐렴은 식도로 가야 하는 음식이나 침이 잘못해서 기도로 들어가 폐에 유입된 세균이 번식하면서 생기는 폐렴입니다. 잘못 삼킨 것에 세균이 많이 포함되지 않도록 입안을 깨끗이 유지하는 것은 매우 중요합니다.

셋째로, 삼킴 기능이 약해지는 것을 예방합니다.

나이가 들수록 삼킴 기능이 확실히 약해지며 그것이 잘못 삼키거나 음식이 목에 걸리는 원인이 됩니다. 꾸준한 구강 체조는 삼킴 기능 향상에 효과가 좋아 잘못 삼킴을 예방합니다.

넷째로, 당뇨병과 심장 질환을 예방합니다.

잇몸 질환이 있으면 이런 질병에 걸릴 위험이 높다고 합니다. 구강 관리로 잇몸 질환을 예방할 수 있습니다.

위의 관점에서 식후 구강 관리 말고도 이용자가 안전하고 맛있게 먹도록 점심 식사 전에도 구강 체조를 합니다.

참고로 구강 체조 방법을 간단하게 설명하겠습니다.

1. 심호흡 3회

2. 머리를 상하좌우로 움직이기 각각 3회

3. 어깨를 올렸다 내렸다 3회

4. 혀를 앞으로 내밀었다 당겼다 3회

5. 혀로 좌우 입꼬리를 번갈아 건드리기 3회

6. 혀로 윗입술과 아랫입술을 번갈아 건드리기 3회

7. 입을 크게 벌렸다가 단단히 다물기 3회

8. 입술을 내밀고 '우' 소리를 내고 옆으로 당겨서 '이' 소리 내기 3회

9. 볼을 크게 부풀렸다가 꺼트리기 3회

10. 큰 소리로 파타카라[1] 발성 훈련 5회

11. 심호흡 3회

구강 체조는 고령자만 하는 게 아닙니다.

사실은 저도 마흔이 넘어서부터 식사 중에 기침을 자주 했습니다. 처음에는 신경 쓰지 않았는데 그런 상태가 계속되다 보니 음식을 삼키는 기능이 떨어졌음을 인정할 수밖에 없었습니다.

그래서 목욕할 때나 텔레비전을 보면서 구강 체조를 했더니 지금은 기침이 거의 없어졌습니다.

구강 체조를 식사 전에 하는 것이 좋지만 바쁜 사람은 시간 여유가 있을 때 가능한 만큼 도전해 보시기 바랍니다. 식사 전에 '파타카라' 이렇게 발성 연습만 해도 안 하는 것보다 낫습니다.

---

1 파타카라 체조 : 나이가 들수록 근육이 약해지면서 입 주위의 근육과 혀의 움직임이 나빠지는 것을 예방하고 개선하는 것이 목적인데 '파타카라'를 발음하여 먹기 위해 필요한 근육을 훈련함. 운동의 의미를 이해하면 더욱 효과 좋게 실천할 수 있음
파- 입술을 다물고 먹으며 흘리지 않음. 파열음인 '파'는 입술을 단단히 닫고 발음을 시작하며 입술을 다무는 근력을 단련하여 입속 음식을 흘리지 않게 함
타- 음식을 눌러 으깨고 삼킴. 혀를 위턱에 단단히 붙여서 발음. 구강 내에서 음식을 씹을 때나 다 씹은 음식을 삼킬 때에는 혀의 전면이 위턱에 꽉 붙어야 함. 그렇지 않으면 음식을 눌러 찌그러뜨리거나 꿀꺽 삼킬 수 없음. 위턱에 아래턱으로 혀를 부딪쳐 발음하므로 혀 근육 훈련이 됨
카- 음식을 식도로 옮김. 목 깊은 곳에 힘을 넣어서 목을 닫아 발음. 음식을 삼키고 식도로 보내기 위해서는 일순 호흡을 멈출 필요가 있는데 그것이 불가능하면 음식을 자연스럽게 식도로 옮길 수 없음. 잘못하여 기도로 넘어가는 일 없이 식도로 보내는 훈련
라- 음식을 구강 안으로 운반해 삼키기 좋게 함. 혀를 말아서 혀끝을 윗니 뒷면에 대고 발음. 음식을 구강 안까지 운반하고 삼키기 쉽게 하기 위해서는 혀가 잘 움직여야 하므로 음식을 목 깊숙이 운반하기 위한 혀의 근육 훈련이 됨
* 파타카라 체조도 삼킴 체조나 침샘 자극 마사지와 같이 식사 전에 하면 효과가 큼. 식사 전에는 바빠서 하기 어렵다면 할 수 있을 때 언제든지 '파타카라'를 발음. 가능하면 크고 정확하게 다 같이 즐기면서 발음할 것을 추천. 단순히 발음만 하는 게 아니라 좋아하는 노래에 실어서 발음하면 흥얼거리기 쉬움
참고 사이트 http://www.kokucare.jp/training/training/pata/

이렇게 평소의 작은 노력이 쌓여 건강하게 사는 것으로 이어집니다.

저는 요즘 아침저녁으로 열심히 구강 체조를 합니다. 이 체조는 입과 뺨의 근육을 단련하니 얼굴이 좀 작아지지 않을까 살짝 기대해 보면서.

제2장

치매환자와
어울리기

제2장은 자기 결정이 어려운 치매환자의 존엄이란 무엇인지 자존감을 높이기 위해 어떻게 하면 좋은지를 다룹니다.

지금까지 오랫동안, 치매를 앓는 사람은 인격이 파괴되어 아무것도 할 수 없다는 편견과 오해로 인간으로서 존중받는 권리를 잃어버렸습니다.

그런데 치매에 걸리면 정말로 아무것도 모를까요?

오히려 우리가 치매 증상에만 정신이 팔려 '치매라는 병을 앓는 사람'이라는 사실을 잊고 '아무것도 못하는 사람' 취급을 하는 건 아닐까요? 저는 치매에 걸려 의사소통을 못해도 자존심이나 감정은 남아 있음을 많은 이용자를 만나본 경험으로 알았습니다.

치매에 걸린 사람의 존엄을 지키는 일은 결코 거창한 일이 아닙니다. 그것은 자신의 기분이나 생각을 표현할 수 없게 되어 불안과 고뇌를 안고 지내는 치매환자의 식사, 목욕, 배설을 그날그날 돌보는 가운데에 있기 때문입니다.

1

환자가
알아채는
거짓말

거짓말로 잃은 신뢰

야마모토 유키오(80세, 남) 씨는 치매에 걸리고 나서 밤낮이 바뀌어 밤새도록 안 자고 술이나 간식을 먹습니다. 그래서 밤에는 헬퍼[1]와 가족이 교대로 야마모토 씨를 돌보고 낮에는 주간 보호 서비스를 이용합니다.

그러나 야마모토 씨는 주간 보호 서비스에 가기를 싫어합니다. 아침에 모시러 가면 헬퍼가 돌본 날은 특히 기분이 나빠서 주간

---

1 헬퍼 : 고령자나 심신장애인 등 일상생활에 지장이 있어 돌봄이 필요한 분의 가정을 방문해 신체 돌봄(식사, 목욕, 배설, 옷 갈아입히기)과 가사 전반을 지원함. 소정의 교육과정을 수료하고 자격증을 받음. 한국에서는 요양보호사가 비슷한 업무를 수행함

<u>보호</u> 서비스 차에 바로 타는 일이 거의 없습니다. 가족이 돌본 날은 마지못해 겨우 나오는데 시설에 와서도 계속 집에 가고 싶다고 합니다.

"빨리 집에 보내 줘. 어머니가 편찮으셔서 걱정이야. 내가 옆에 있어야 돼."

어느 날 야마모토 씨가 여느 때처럼 직원을 불러 세웠습니다. 물론 이미 오래 전에 야마모토 씨의 모친은 돌아가셨습니다.

"어머, 걱정되시겠네요. 어머니 병세를 전화로 물어볼게요."

직원은 전화를 걸러 가는 척하고 자리를 떴습니다. 그리고 돌아와서 야마모토 씨에게 이렇게 말했습니다.

"어머니는 건강하시던데요. 걱정하지 말고 잘 있다 오라셨어요."

평소 같으면 "알았어" 하고 일단 귀가 욕구가 진정되었을 분이 그때만은 "어머니는 이제 이 세상에 없어. 여기 직원은 거짓말을 하는군. 직원 교육이 형편없어!" 하며 격노했습니다. 이 일로 저희 직원은 신뢰를 잃었습니다.

그 뒤로 야마모토 씨의 귀가 욕구는 점점 강해지고 무슨 일이 있을 때마다 여기 직원은 못 믿겠다며 언성을 높였습니다. 야마모토 씨는 본인이 먼저 모친이 아프다고 했는데 한편으로는 이미 돌아가셨음을 인식한 상태였습니다.

치매환자는 때와 장소 그리고 사람을 알 수 없게 되는 지남력 장애가 나타날 때가 있습니다. 야마모토 씨는 과거와 현재를 왔다 갔다 하며 삽니다.

인지증[2]을 아직 '치매'라고 하던 시절, 우리는 귀가 욕구가 강한 사람에게 내선 전화로 가족인 척하며 시설에 있어 달라고 설득한 적도 있습니다. 치매환자는 가족의 목소리를 알지 못할 거라고 만만하게 본 것입니다.

어쩌면 지금도 이와 같은 대응을 하는 시설이 있을지도 모릅니다. 가족들이 돌봄 피로로 지치지 않도록 주간 보호 서비스를 받게 하기 위해서는 거짓말을 할 수밖에 없었습니다. 부끄러운 일이지만 당시 치매환자를 대하는 우리의 이해와 대응 방법은 그런 수준이었습니다.

상대의 기분에 먼저 공감 표하기

야마모토 씨 일이 있고 나서 저는 이유가 무엇이든 치매환자에게 거짓말도 하지 않고 얼렁뚱땅 넘기지도 않기로 결심했습니다. 일단 신뢰를 잃으면 그 후의 관계에 지장을 초래한다는 사실을 뼈저리게 경험했기 때문입니다.

야마모토 씨가 처음에는 주간 보호 서비스에 가기 싫어했지만 악성종양이 발견될 때까지 상당 기간 이용했습니다. 집에 가고 싶다는 말을 들었을 때 일단 그 생각에 공감하고 가고 싶은 이유를 경청했습니다. 그런 대처가 효과가 있었는지 시간은 걸렸지만

---

2 인지증 : 일본에서 '치매'를 고친 이름. '들어가기' 각주 1 참고

조금씩 신뢰를 회복했습니다.

그 후 야마모토 씨는 치매가 더욱더 진행되어 대화가 어려워졌는데 이제 '집에 가고 싶다'는 말 대신 '고맙다'는 말을 했습니다. 눈빛도 모든 걸 알아차리고 현재 상태 그대로를 받아들이는 인자함 넘치는 모습으로 변했습니다.

2

치매환자가 찾는
물건의 숨은 뜻

도장을 찾아주니 범인으로

미야모토 아키코(79세, 여) 씨는 헬퍼의 지원을 받으며 혼자 살
았습니다. 그러던 어느 날 미야모토 씨가 케어 매니저에게 "헬퍼
가 채소를 몰래 가져간다"는 하소연을 해서 헬퍼 이용을 중지시
켰습니다. 혼자 생활하기 어려워진 미야모토 씨는 케어 매니저
소개로 저희 시설에 들어왔습니다.

입소하고 얼마 안 되었을 때 미야모토 씨가 통장을 분실하여
은행에 재발급 신청을 했습니다. 방 열쇠를 못 찾겠다, 지갑을 잃
어버렸다, 이런 말을 빈번히 사무실에 와서 하니 그때마다 직원

이 방에 가서 같이 찾았습니다. 잃어버렸다는 물건은 찾을 때도 있고 못 찾을 때도 있었습니다.

어느 날 도장이 없어졌다 하여 제가 방으로 가 미야모토 씨와 함께 찾기 시작했습니다. 상당한 시간을 들여 찾아봤지만 없었습니다. 이만큼 했는데 눈에 안 띄면 뜻밖의 장소에 있을지도 모른다는 생각이 들어 미야모토 씨 허락을 받아 화장실을 살펴보기로 했습니다.

화장실은 깨끗했습니다. 청소용 양동이가 놓여 있고 걸레가 양동이 가장자리에 걸려 있었습니다. 무심코 양동이 안을 들여다보니 걸레 밑 비닐봉지에 든 도장이 보였습니다.

"미야모토 씨, 여기 있네요!"

이제 안심할 거라 생각하고 기쁜 마음에 흥분한 목소리로 미야모토 씨를 불렀습니다.

"고마워요. 아, 다행이다."

미야모토 씨도 화장실에서 도장이 나와 놀란 눈치였지만 기뻐했습니다.

도장은 중요한 물건이니 되도록 남의 눈에 띄지 않는 곳에 보관해 두려고 잘 감춰 놓고는 잊어버린 모양이다 싶어 저는 그다지 마음에 두지 않았습니다.

그런데 며칠 후 직원에게서 이런 보고를 받았습니다.

"미야모토 씨가 '시설장님이 나를 여기서 내쫓으려고 괴롭힌다. 요전에도 도장을 잃어버렸다고 했더니 내 방에 와서 화장실 양동이 안에 있는 도장을 찾았다. 저런 데서 도장을 찾아내는 건 숨긴 당사자기 때문이다' 그러셨어요."

도장을 발견하고 미야모토 씨가 좋아해 주었다고 아무 생각 없이 기뻐했던 저는 그 말을 듣고 기가 막혔습니다. 하지만 잘 생각해보니 미야모토 씨가 스스로 도장 감춘 걸 잊었다면 화장실 양동이에서 도장을 찾아내는 건 숨긴 당사자여서라고 의심할 만합니다.

그리고 자꾸 물건을 잃어버리는 미야모토 씨로서는 본인이 잃어버린 물건을 직원이 찾아내면 놔둔 곳을 잊어버린 자신에게 원인이 있다는 걸 인정하는 셈이니 저를 의심한 것 같습니다.

자꾸 물건을 잃어버리는 사정 이면에는

그 후로도 미야모토 씨가 잇따라 여러 가지 물건이 없어졌다고 해서 함께 찾았는데 저는 잃어버렸다는 물건을 발견해도 본인이 찾도록 유도했습니다. "이쪽을 찾아보세요. 저는 저쪽을 찾아볼게요." 그렇게 하면 미야모토 씨는 자기가 찾을 수 있는데 괜히 직원을 귀찮게 했다고 생각할 테니 제가 더 이상 신경 쓰지 않아도 되기 때문입니다.

미야모토 씨는 알츠하이머형 치매 진단을 받았고 하소연은 '물건이 없어졌다'에서 '도둑맞았다'로 바뀌었습니다. 그리고 그 무렵부터 점점 더 몸 상태가 나빠져 결국 입원했습니다.

그 후 사정이 있어서 시설에 자주 올 수 없던 딸에게 미야모토 씨가 상당히 많은 돈을 보내 주고 있었다는 말을 들었습니다.

늘 뭔가를 찾던 미야모토 씨, 정말 찾고 싶은 건 딸이 자신을 사랑한다는 증거였을지도 모릅니다.

3

부정적 감정 받아주기

치매환자 자신이 답을

—

"그림 편지 선생님은 몇 시에 와요?"

그림 편지 수업을 하는 날, 그룹 홈 이용자 에지마 요코(83세, 여) 씨가 아침부터 돌봄 직원에게 자꾸 묻습니다.

에지마 씨는 치매 때문에 들은 걸 금방 잊어버리지만 옛날에 취미로 그림을 배운 적이 있어서 그림 편지는 자신 있어 합니다.

그날은 최근에 참가하기 시작한 이시야마 미쓰(85세, 여) 씨 말고도 여러 명이 선생님 지도를 받으며 그림 편지를 썼습니다.

"내가 쓴 그림 편지가 없어졌어."

그림 편지 수업이 끝나고 돌봄 직원이 뒷정리를 하는데 이시야마 씨가 울음 섞인 소리로 말했습니다. 모두들 쓰레기통까지 뒤졌지만 못 찾았습니다.

그 일이 있고 며칠 후 돌봄 직원이 에지마 씨 방에 청소하러 들어갔다가 책상 위에서 '이시야마' 이름이 적힌 그림 편지를 발견했습니다. 에지마 씨에게 이 그림 편지는 이시야마 씨 거니까 돌려주자고 하니 "아니에요, 내 거예요" 하고 강하게 거부했다 합니다.

얼마 후 그 돌봄 직원이 이런 말을 했습니다.

"에지마 씨가 이시야마 씨의 그림 편지를 여러 장 가지고 있어요. 그러니 이시야마 씨의 그림 편지 한 장쯤은 말 안 하고 돌려줘도 모를 것 같은데요."

제가 돌봄 직원에게 물었습니다.

"그럼 혹시 내 방에 이시야마 씨의 그림 편지가 있으면 내 승낙 없이 이시야마 씨에게 돌려줄 거예요?"

"아뇨, 그렇게 안 하죠. 뭔가 이유가 있어서 이시야마 씨 그림 편지가 시설장님 방에 있을 거라 생각할 테니까요. 하지만 이시야마 씨는 지금도 잃어버린 그림 편지를 찾아요. 그게 에지마 씨한테 있는데 그대로 둬야 할까요?"

돌봄 직원은 곤란한 표정으로 말했습니다. 그래서 직원에게 이렇게 말했습니다. "이용자 때문에 고민하거나 망설여지면 당사자에게 묻기로 해요. 답은 대부분 본인이 갖고 있거든요."

답을 듣기 위해 에지마 씨 방으로 갔습니다. 잠시 서로 사소한 이야기를 했는데 에지마 씨가 웃는 얼굴로 그림 편지를 꺼내더니 각각의 작품에 담은 애정과 수고한 얘기를 하며 한 장 한 장 저에게 보여 주었습니다. 저는 맞장구치며 들었습니다. 모두 남에게 자랑하고 싶을 만큼 멋진 작품이었습니다. 그 중에 색 표현이 절묘한 이시야마 씨의 그림 편지도 있었습니다. 에지마 씨에게 물어보았습니다.

"이 그림 편지에는 '이시야마'라는 이름이 쓰여 있네요."

그러자 뜻밖에도 "이건 이시야마 씨 거니까 돌려주세요" 하며 저에게 내밀었습니다. 그림 편지를 받은 저는 돌봄 직원에게 건네며 이시야마 씨에게 돌려주라고 했습니다. 이시야마 씨가 기뻐한 건 두말할 나위 없습니다.

잘못된 대응은 신뢰를 해친다

왜 갑자기 에지마 씨가 이시야마 씨의 그림 편지를 돌려줄 마음이 생겼는지 진실은 모릅니다. 에지마 씨가 치매라서 이시야마 씨의 그림 편지를 자기 것으로 착각했다가 알아차렸기 때문에 돌려주기로 한 모양이라고 생각했습니다. 에지마 씨가 자기 작품이 이시야마 씨 작품보다 못하기 때문에 질투심을 느낀 건 아닐까 그런 추측도 해 봤습니다.

표출되지 않는 부정적 감정은 수용하거나 공감하는 것으로 해소할 수 있습니다. 그래서 에지마 씨와 개별 시간을 가진 것입니다. 그 결과 자기 작품에 담긴 애정과 수고를 인정받았다고 생각하여 이시야마 씨의 그림 편지가 필요 없어지지 않았나 싶습니다.

'치매환자니까 모르겠지' 생각하면 본인 허락 없이 그림 편지를 방에서 들고나오는 그릇된 대응을 할 가능성이 있습니다.

잘못된 대응은 신뢰를 해칩니다. 잃어버린 신뢰는 치매 증세인 불안, 흥분, 폭언, 배회, 망상 같은 형태로 나타날 수도 있습니다.

그렇게 되지 않기 위해서 치매환자든 아니든 대응 방법에 차이가 없도록 유의해야 합니다.

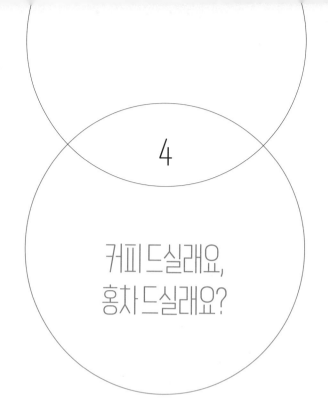

4

커피 드실래요, 홍차 드실래요?

'커피로 통일'의 함정

방문을 마치고 돌아온 케어 매니저가 어두운 얼굴로 말했습니다.

"제가 담당했던 가와모토 야스미(83세, 여) 씨가 입소한 시설을 찾아가 봤어요. 놀랍게도 시설 단체복을 입고 머리를 짧게 깎아 다른 사람 같더라고요. 가와모토 씨는 그런 걸 개의치 않고 휠체어로 돌아다니며 이 사람 저 사람한테 말을 걸었어요."

가와모토 씨는 치매가 진행되어 혼자 살 수 없게 되었습니다. 자녀가 없어서 담당 케어 매니저가 친척과 함께 싫다는 본인을 설득하여 시설을 알아봤습니다. 궁핍했기에 시설 선택이 어려웠지만 간신히 입소했습니다.

금전 여유가 없는 치매환자에게 시설 선택은 말할 것도 없고 옷이나 머리 모양 같은 취향과 기호까지도 선택지가 적어지는 것은 어쩔 수 없습니다. 그러나 선택지가 적은 이유가 돈 문제뿐일까요?

저희 시설 이야기인데 제가 마침 3시 간식 시간에 참석했을 때 이용자가 모두 모여 설탕과 우유를 탄 커피를 드시는 걸 봤습니다. 커피 말고도 홍차, 코코아, 녹차 선택이 가능한데 모두 같은 걸 마셨습니다.

이상하다 싶어 돌봄 직원에게 물어봤습니다.

"다 같은 음료를 주문한 거예요?"

"뭘 마시고 싶은지 물어도 확실한 답을 들을 수 없어서 그냥 커피를 드려요. 언제나 모두 커피를 남김없이 잘 드시고요."

저는 매일 아침 홍차를 마시는데 일 년에 몇 번은 커피를 마시고 싶을 때가 있습니다. 그래서 돌봄 직원에게 물었습니다.

"이용자들도 때때로 코코아나 홍차를 마시고 싶지 않을까요?"

"항상 커피만 마시면 질릴 테니까 저희가 판단해서 가끔 코코아로 바꾸기도 해요. 그리고 보니 요사이 뭐가 좋으신지 안 여쭤봤네요. 여쭤볼게요."

옆에서 듣던 다른 돌봄 직원이 덧붙였습니다.

"커피가 좋으세요, 코코아가 좋으세요? 이렇게 양자택일로 물으면 대답할 분도 있겠네요."

제2장 치매환자와 어울리기

실제로 그렇게 희망 음료를 묻다 보니 코코아를 마시고 싶다는 이용자가 나왔습니다. 돌봄 직원들은 궁리 끝에 음료를 그림과 글자로 표현한 차림표를 만들었습니다. 말로 소통이 어려운 사람이라도 시각 요소를 활용하면 원하는 걸 표현할 수 있기 때문입니다.

대답은 못 해도 감정에는 전달 돼

—

'오늘은 블랙커피로' 또는 '녹차 부탁해' 이렇게 말할 수 있는 분에게는 저희가 당연히 원하는 음료를 묻습니다.

그러나 치매로 자신의 마음이나 생각을 표현하기 어려운 분에게는 원하는 걸 묻지 않고 무심코 저희 생각대로 드립니다. 그런 상황이 계속되면 희망 음료를 말할 수 없는 이용자는 마시고 싶은 것이 점점 없어집니다.

그렇다면 마시고 싶은 게 없어진 치매환자에게는 아무것도 묻지 않아도 될까요? 아니요, 비록 대답할 수 없더라도 '커피 탔는데 드시겠어요?' 이렇게 물어봐 주었으면 합니다. 그 정도라도 의식을 하지 않으면 기억력이나 이해력에 장애가 있는 이용자를 대할 때 나도 몰래 '금방 잊어버린다' '어차피 모를 거야' 이런 생각을 해 버리는 두려움을 실감하기 때문입니다. 그러면 돌보는 이가 중심이 되어 치매환자는 점점 정체성을 잃게 됩니다.

중증 치매로 말은 할 수 없어도 감정은 살아 있습니다. 그 감정에 전달되도록 이렇게 물어봐 주면 좋겠습니다.

'커피 괜찮으세요? 아니면 다른 거 드릴까요?'

5

치매환자의
베풀기

비닐 앞치마가 준 상처

가미다니 가즈요시(75세, 남) 씨는 몇 년 전에 부인과 사별하고 회사를 그만두었습니다. 금전 여유가 있으니 유유자적한 나날을 보낼 터였습니다.

그러나 바지 위에 속옷을 입기도 하고 상태가 이상해졌습니다. 그걸 알게 된 민생위원[3]이 아들에게 연락해 부자가 함께 시설을 견학한 후 가미다니 씨가 저희 시설에 들어왔습니다.

---

3 민생위원 : 지자체의 추천을 받아 후생노동성 장관이 위촉한 민간인으로서 각 지역에서 항상 주민의 관점으로 상담에 응하고 필요한 지원을 하고 사회복지 증진에 힘쓰며 아동위원을 겸함 *후생노동성 : 사회복지, 사회보장, 공공 위생 및 환경 등에 관한 업무를 담당하는 일본의 행정 기관

첫날 가미다니 씨는 젓가락을 제대로 사용하지 못해 밥과 반찬을 윗옷과 테이블에 줄줄 흘렸습니다. 척 보기에도 고급스러운 상의를 더럽힐 수도 있고 뜨거운 국물이 쏟아져 화상을 입으면 안 된다 싶어 직원이 즉시 식사 보조용 비닐 앞치마를 가미다니 씨 목에 걸었습니다. 다른 입주자들도 음식을 흘리는 사람은 앞치마를 합니다.

그런데 앞치마를 목에 걸자마자 가미다니 씨는 순식간에 낯빛을 바꾸며 고함쳤습니다. "이런 걸 왜 해야 하지?" 직원이 당황해서 앞치마를 벗겼지만 가미다니 씨의 분노는 가라앉지 않았고 그날은 식사를 거의 못 했습니다.

다음날 소변을 실수해서 직원이 속옷 갈아입는 걸 도와주려는데 "내가 할 수 있어. 도와줄 필요 없어" 하니 어찌할 도리가 없었습니다.

그 뒤로 가미다니 씨는 자기 방에 틀어박혀 나오지 않았습니다.

직원들은 회의를 열어 지금까지 가미다니 씨의 생활 이력, 가치관, 취미, 기호, 가능한 일과 불가능한 일을 서로 이야기하여 좀 더 깊이 이해하기로 했습니다.

회의를 통해 새로운 사실을 알았습니다. 직원들은 젓가락 사용이 서툰 분의 안전과 위생 차원에서 앞치마나 숟가락 사용을 당연하게 여겼습니다. 만약 가미다니 씨에게 '앞치마 하시겠어요?' 이 한마디만 물어봤어도 그렇게까지 자존심이 상하지는 않았을 겁니다.

회의 결과 될 수 있으면 가미다니 씨의 기분을 먼저 배려하고 저희 생각을 강요하지 않으며 뭐든지 가미다니 씨 기분이나 생각을 먼저 묻고, 물어봐야 답을 들을 수 없다고 단정 짓지 않기로 했습니다.

식사 때는 "젓가락과 숟가락 중 어느 걸 쓰시겠어요? 앞치마 드릴까요?" 이렇게 묻고 그날그날 입는 옷도 스스로 고르게 했습니다.

그러던 어느 날 시청 담당자가 왔습니다. 직원이 긴장한 걸 가미다니 씨가 본 것 같습니다. 현장 지도를 끝낸 시청 담당자가 돌아가려 할 때 엘리베이터 앞에 서서 머리를 깊이 숙여 배웅했습니다.

"오늘 수고하셨습니다. 앞으로도 잘 부탁드립니다."

시설장이 된 듯한 기분이었을까요? 그 모습은 위엄이 넘쳤는데 그때부터 손님맞이 인사는 가미다니 씨 역할이 되었습니다. 그분의 웃는 얼굴을 보게 된 것도 그 무렵부터입니다.

자신이 돌봄 대상자가 되더라도 타인에게 도움을 주고픈 마음이 있음을 가미다니 씨를 겪으며 알았습니다.

그 마음이 치매 당사자의 자존심을 유지하는 데도 필요합니다.

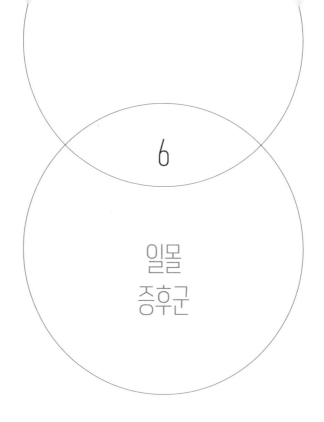

6

일몰
증후군

여성에게 많은 일몰 증후군

"집에 가야 하는데….."

해 질 녘이 되면 언제나 고마쓰 다카코(85세, 여) 씨가 안절부절 못합니다.

"여기 있어도 돼요. 조금 있으면 저녁 식사 시간이에요."

"애들 밥 준비해야 돼. 늦게까지 여기 있으면 남편이 화내."

직원 말을 듣지 않습니다.

"집에 보내 달라니까."

때로는 표정이 바뀌고 한곳을 응시하며 거칠게 말하기도 합니다. 고마쓰 씨가 치매에 걸리기 전에는 가족과 함께 살면서 낮에는 혼자 집을 보았는데 그걸 할 수 없게 되어 시설에 들어왔습니다.

시설에서는 낮 동안 빨래 개기나 마른행주질을 하고 노래를 잘해서 레크리에이션에도 적극 참가했습니다. 그리고 다른 이용자를 돌봐 주는 리더 같은 존재입니다.

그런데 저녁때가 되면 갑자기 바뀝니다. 가족분이 자택으로 모셔 가서 묵고 올 때도 저녁이 되면 안정감이 없어진다고 합니다.

치매의 행동심리증상BPSD에 '일몰 증후군sundowning syndrome'이 있습니다. 저녁때가 되면 불안감이 점점 심해져 귀가 욕구가 강해집니다.

왜 저녁때만 되면 집에 가고 싶을까요? 일몰 증후군은 특히 여성에게 많은 듯합니다. 저녁때 집에서 가족을 위해 식사 준비를 하던 오랜 습관 때문일까요?

날이 저물어 밖이 어두워지는 외부 환경이 더해지면 때와 장소를 알 수 없게 되는 지남력 장애 치매환자는 불안감이 점점 더해가는 걸까요? 아니면 저녁때 직원이 식사 준비로 바쁘게 움직이는 분위기가 전해져 안정이 안 될까요?

저도 해 질 녘이면 왠지 모르게 허전해집니다.

어렸을 때 어머니가 "저녁 먹기 전까지는 집에 들어와라" 하신 기억과 동물이 제 둥지나 태어난 곳으로 돌아가려는 귀소본능이 겹쳐서 일몰 증후군에 빠지는 게 아닐까 하는 생각도 듭니다.

누가 기다리나요? 묻고 경청하기

———

다른 시설에서 생긴 일인데 고마쓰 씨처럼 일몰 증후군 치매 여성이 집에 가고 싶다고 하여 직원이 이전에 살던 집으로 모시고 갔더니 "여기는 우리 집이 아니야" 했답니다. 그래서 어릴 때 살던 집에 가고 싶은 모양이다 싶어 수소문해서 찾아갔는데 "여기도 우리 집이 아니야" 했답니다.

어쩌면 일몰 증후군이 있는 치매환자에게 '집'이란 안심하고 지낼 자기만의 공간이나 인생에서 가장 빛나던 시점일지도 모릅니다.

그렇다면 해 질 무렵만이라도 허전해하지 않도록 그 사람 옆에 꼭 붙어 있다가 집에 가고 싶다 하면 '댁에서는 누가 기다리나요?' 하며 귀 기울여 들어주고 안정시키는 노력을 해야 합니다.

또 집에 가고 싶다는 말을 하기 전에 미리 좋아하는 노래를 함께 부르거나 추억을 이야기하도록 이끌어서 마음의 안정을 도모하는 회상법을 쓰는 것도 효과가 크다고 생각합니다.

그 시간을 확보하기 위해서는 저녁 업무를 재검토할 필요가 있습니다.

고마쓰 씨는 입주해 지내던 몇 년 동안 매일이라 해도 좋을 만큼 해 질 녘에는 항상 집에 가고 싶다고 호소했습니다.

그런데 왠지 모르나 급환으로 입원하기 전 며칠 동안은 해 질 녘에도 집에 가고 싶다는 말을 하지 않았습니다.

7

이름
정확하게
불러주기

'어머니'라 부르니 험악한 표정으로

———

"어머니, 식사 시간이에요."

돌봄 직원이 시설 이용자 기시베 후미(87세, 여) 씨에게 말했습니다. 그러자 험악한 표정으로 대답했습니다.

"나는 당신을 낳은 적이 없어."

그 말에 돌봄 직원은 당혹감을 감추지 못했습니다.

기시베 씨는 혼자서 걷고 식사하고 화장실에 갈 수 있지만 돌봄 직원이 화장실에 가자고 하지 않으면 스스로 가는 일은 거의 없습니다. 그렇기 때문에 생활 전반을 챙겨야 합니다.

기시베 씨는 결혼 후 아이를 낳고 전업주부로 살았다고 합니다. 남편과 사별한 후에는 아들 가족과 살았는데 치매가 진행되어 집에서 돌보기 어려워지자 시설에 들어왔습니다.

때때로 저녁이 되면 "애들 밥해 줘야 하니까 집에 보내주세요" 하는 것 말고는 돌봄 직원 말을 고분고분 들어주었습니다. 그런데 그날은 '어머니'라는 말에 예민하게 반응하여 본인의 기분을 표현했습니다.

저희 시설에서는 이용자를 보통 이름으로 부릅니다. 그러나 '어머니'라고 부른 직원은 이용자를 내 어머니라는 마음으로 돌보고 싶다는 생각이 무의식중에 호칭으로 나왔다고 합니다.

저희는 이를 계기로 이용자를 뭐라고 부르면 좋을지 의논했습니다. 어느 직원이 이런 의견을 냈습니다.

"치매로 자기 이름을 잊어버리거나 잘못 말하는 이용자가 있으니 이름을 정확하게 불러드리는 게 좋다고 생각해요."

여성은 결혼하면 대체로 성이 바뀌므로[4], '기시베 씨!' 하고 결혼 후의 성을 부르면 반응이 없던 사람이 어릴 적부터 친숙한 '후미 씨!' 이렇게 성을 뺀 이름을 부르면 반응했다는 말도 있었습니다. 또한 직원이 이용자 이름을 외우지 못한 경우나 잊어버렸을 때는 '아버지 어머니'도 적절하다는 의견도 나왔습니다.

결론은 이용자 각자에게 이름을 뭐라 불러 드리면 좋을지 물

---

4 일본에서는 여성이 결혼하면 대부분 남편의 성을 따르나 원래의 성을 쓰는 사람이 느는 추세임

어보기로 했습니다. 그런데 어느 직원이 이용자에게서 "◯◯야, 이렇게 불러줘"라는 부탁을 받고 어르신 이름에 '씨'자도 안 붙이고 불러도 될지 고민했다는 경험담을 듣고 성에 씨 자를 붙여 부르는 원칙을 정했습니다.

다만, 같은 성씨가 있을 때는 약을 잘못 드릴 염려도 있으니 본인 승낙을 얻어 성을 뺀 이름을 부르자고 했습니다. 또한 성으로 부르면 자기 이름이라고 인식 못하는 분은 다른 방법을 찾기로 했습니다.

이름은 정체성

치매환자에게는 개별 돌봄이 중요하다는 생각에 저희는 소수 인원을 정원으로 한 그룹 홈을 운영합니다. 이용자 수가 적어도 개별 돌봄을 하기 때문에 항상 고민도 하고 기뻐하기도 하면서 시행착오를 겪습니다.

이용자를 이름으로 부름으로써 개별 돌봄을 실천합니다. 통칭인 '아버지 어머니'에서는 한 분 한 분의 얼굴이 보이지 않습니다. 이름은 인격과 개성을 나타내는 정체성입니다. 이 사실을 직원들과 의논하는 가운데 새롭게 깨달았습니다.

얼마 후 저는 과일 가게 앞을 지나다 이런 말을 들었습니다.

"어머니, 이 사과 맛있어요. 시식해 보세요."

거절을 못 하는 성격이라 그런지 먹는 거 앞에서 약해 그런지 사과를 한 조각 맛보고는 사 가지고 왔습니다, 마음속으로 이렇게 외치면서요.

　나는 당신 어머니가 아니야!

8

감정
끌어내기

함께 책상을 두드려 보니 정리된 답변이

오늘도 주간 보호 서비스에서 가즈모토 조(84세, 남) 씨가 손가락으로 책상을 반복해서 두드립니다.

"시끄러우니까 그만해."

옆에 앉은 이용자가 화를 냅니다. 가즈모토 씨에게는 그 말이 안 들리는지 책상 두드리기에 몰두합니다.

"일하는 중이세요? 오늘은 그만 끝내시죠."

간호사가 자기 손을 살짝 가즈모토 씨 손에 올리고 움직임을 멈추려 했습니다. 그래도 책상 두드리는 행동이 진정되지 않자

주변 이용자들의 짜증은 점점 심해집니다.

제가 가즈모토 씨 옆에 앉아 얼굴을 보며 인사했지만 눈길도 주지 않고 반복해서 손가락으로 책상을 두드립니다. 그래서 저는 가즈모토 씨의 손가락 움직임에 맞추어 소리 나지 않게 신경 쓰며 함께 책상을 두드렸습니다. 잠시 동안 가즈모토 씨와 호흡을 맞추어 책상을 두드리니 갑자기 손가락을 멈추고 눈을 크게 뜨며 저를 보았습니다. 눈이 마주쳤기에 제가 물었습니다.

"가즈모토 씨는 전에 무슨 일을 하셨어요?"

"교사요."

"어느 학교예요?"

"사립 남자 중학교."

"학교가 어디에 있어요?"

"잊어버렸어요."

"교사 일이 힘드셨나요?"

"고된 일이었어요."

이렇게 대화를 이어갔습니다.

정말 놀라웠습니다. 지금까지 여러 번 가즈모토 씨와 소통을 했지만 기껏 '네, 아니요, 고마워요, 졸려' 같은 단어를 늘어놓는 정도였습니다. 그걸 알기 때문에 '네, 아니요'로 대답 가능한 대화만 했습니다. 그래서 늘 잘 전달되는지 의심스러웠습니다.

하지만 그날은 달랐습니다. 저는 '네, 아니요' 양자택일로 대답하는 질문이 아니라 자유롭게 대답하도록 물었습니다. 가즈모토 씨가 거기에 답함으로써 우리 사이에 대화가 이루어졌습니다.

제2장 치매환자와 어울리기

그 일이 있고 나서 돌봄 직원에게 가즈모토 씨가 책상을 두드려도 주변 이용자의 귀에 거슬리지 않도록 책상에 목욕 수건을 깔아 드리라고 했습니다.

치매가 진행되면 언어 소통이 어려워져 자기 마음을 전달할 수 없으므로 고독에 빠집니다.

가즈모토 씨처럼 반복 동작을 하는 치매환자에게는 그 행위가 바로 감정 표현입니다. 감정을 끌어내려는 적극적인 노력이 없다면 설령 행동을 멈춰도 그 순간뿐입니다. 강제로 행동을 멈추게 하는 것은 감정을 드러내는 걸 막는 일이기 때문입니다.

저는 심리학에서 말하는 미러링(상대방의 언행이나 표정을 흉내 냄으로써 상대방이 친근감을 갖게 함) 효과를 이용하여 이용자의 기분에 공감하고자 했습니다. 가까이 다가가고 싶다고 반복 동작을 함께 함으로써 가즈모토 씨에게 비언어 메시지를 보냈습니다.

가즈모토 씨는 그걸 확실하게 받아 주었습니다. 그리고 틀어박혀 있던 세상에서 나와 마음을 열었습니다.

지식과 기술과 경험이 있어야만 가능한 돌봄

—

돌보는 일은 누구나 할 수 있다고 말하는 사람이 있습니다. 굳이 그걸 부정하지는 않겠습니다. 판에 박힌 돌봄은 할 마음이 있고 어느 정도의 경험을 쌓으면 할 수 없는 건 아니기 때문입니다.

그러나 지식과 기술과 경험이 있어야만 가능한 돌봄이 있습니다. 말로 소통하기 어려운 치매환자 돌봄입니다. 비언어 소통 기술과 지식은 전문으로 배우고 경험을 쌓아야 익힐 수 있습니다. 저는 치매환자의 세계를 이해하고 싶어서 계속 배우는데 안타깝게도 항상 완벽하게 대응한다고 할 수는 없습니다.

치매환자를 돌보는 일은 장벽이 높습니다. 그런 만큼 넘었을 때의 기쁨은 말로 표현하기 어려워서 몇 번이고 손뼉도 치며 온몸으로 좋아하는 표현을 합니다. 이런 저야말로 직원들에게 민폐를 끼치지 않나 싶습니다.

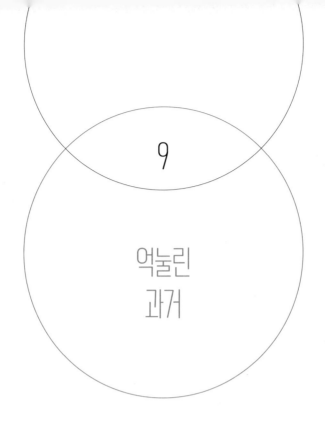

9

억눌린
과거

경영자로서의 인품 깊은 곳에 숨어 있던 것

———

시설 직원과 이용자 모두가 벚꽃 구경 갔다 돌아오는 차 안에서 제 옆에 앉은 분이 와키타 가나(81세, 여) 씨였습니다.

"장사 잘하는 요령 알아요?"

갑자기 이렇게 물으시는데 대답이 궁했습니다.

"어떻게 하면 돼요?"

"사탕 하나라도 좋으니 손님을 기쁘게 하는 거죠."

그렇게 말하는 표정은 영락없는 경영자의 모습이었습니다.

와키타 씨는 오랜 세월 직원을 두고 가게를 경영했는데 성실한 인품 덕분에 번창했다고 합니다. 그러나 고령으로 혼자 살기 불안해서 저희 시설에 입주했습니다. 시설 생활에 바로 적응했지만 골절로 입원한 뒤로 건망증이 심해져 결국 치매 진단을 받았습니다.

어느 날 와키타 씨의 생활을 지원하기 위한 돌봄 계획 회의에 참석했다가 와키타 씨가 돌봄 직원에게 자꾸 젖을 달라고 한다는 얘길 들었습니다. 돌봄 직원은 별로 난처해하지도 않고 잘 대응하는 모양이었습니다. 놀란 건 오히려 저였습니다. 제가 아는 와키타 씨의 이미지와는 너무나 동떨어졌기 때문입니다.

저희 지역에 흔치 않게 눈이 내린 어느 날 와키타 씨를 방 앞에서 만났습니다. 이름을 대고 인사를 했는데 저를 잊고 계셨습니다.

"밖에 눈이 오는데 어렸을 때 눈사람 만들어 보셨어요?"

"아니, 아니! 나는 외동딸이라…."

창밖을 보며 말했습니다.

"외동따님이면 부모님께 사랑 듬뿍 받으셨겠네요."

"엄마 아빠는 애정 표현을 안 해 줬어. 나는 데려온 아이였거든."

와키타 씨는 태어나자마자 양녀로 보내졌다고 합니다. 주변 사람들이 하는 얘기를 듣고 친자식이 아님을 어렴풋이 눈치는 챘지만 성인이 되어 가족관계증명서를 보고 알았습니다.

어렸을 때부터 양부모님께 혼난 기억이 없고 일을 시작한 후에는 자기 자신에게만 돈을 쓰고 양부모님께 생활비를 드리지는 않았답니다.

"어머니는 날 낳은 것도 아닌데 키워 주셨어. 나 같으면 그런 일은 못 해. 그런데도 효도를 못 했어."

제 눈을 보지 않고 말했습니다. 벚꽃 구경하던 날 만난 와키타 씨는 유능한 경영자로서 자립해 살아온 여성인데 제 앞에 있는 와키타 씨는 전혀 다른 사람이었습니다.

그 후에도 여러 번 찾아가 이야기를 나눴는데 왠지 가게를 경영하던 시절이 기억에서 사라지고 없었습니다.

외롭고 힘든 싸움에서 해방시키기

사람은 누구나 마음에 방어벽을 치고 살아가는데 치매에 걸리면 방어벽이 무너집니다. 그러면 억눌렀던 과거의 과제가 점점 드러납니다. 그래서 그걸 해결하고 나서 편안한 죽음을 맞고 싶은 욕구에 사로잡히는 게 아닌가 싶습니다.

'날 낳으신 분이 누구예요?' 와키타 씨는 사실 양부모님께 이렇게 묻고 싶었을 겁니다. 스스럼없이 혼내 주기를 바라며 자기도 마음껏 어리광을 부리고 싶었을 겁니다. 그리고 '키워 줘서 고마워요' 이런 감사 인사를 전하고 싶었을지도 모릅니다.

그 과제를 해결하기 위해서는 젖을 달라며 지금은 죽고 없는 어머니를 찾는 와키타 씨에게 '어머니 보고 싶으세요?' '어머니는 어떤 분이었어요?' 이렇게 물어서 감정 표출을 촉진하는 일이 중요합니다.

왜냐하면 참아 온 감정을 토해내면 외롭고 힘든 싸움에서 해방되기 때문입니다. 저희가 그런 지원을 하면 와키타 씨는 젖을 달라 할 필요가 없어질 듯합니다.

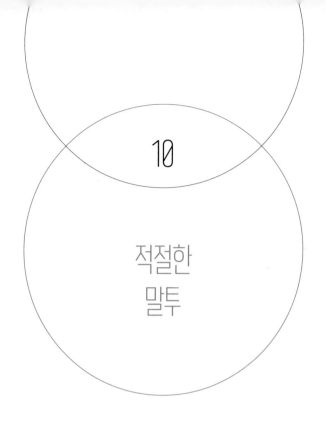

10

적절한 말투

어느 시설에서 들은 직원의 호통 소리

일 관계로 저는 다른 병원이나 시설을 방문할 기회가 많습니다.

저녁 6시 지나서 어느 시설에 문병 갔다가 돌아오려는데 옆방에서 큰 소리가 들렸습니다. 놀라서 가봤더니 문이 열려 있고 그 시설 직원의 뒷모습이 보였습니다.

"몇 번 말해야 알겠어요? 침대에서 혼자 내려오다가 또 넘어지면 뼈가 부러지잖아요."

직원이 호통을 쳤습니다. 이용자는 아무 대답도 하지 않았고 얼굴도 보이지 않았습니다. 저는 그 자리에 못 박힌 듯 서 있다가 다른 직원이 왔기에 서둘러 시설을 나왔습니다.

그 이용자가 어떤 기분이었을까 생각하니 모른 척하고 돌아온 제 자신이 한심했습니다. 그때 그 직원에게 주의를 주어야 했나? 시설장은 그 상황을 알까? 그 직원은 대처 능력이 부족해 큰 소리로 이용자에게 주의를 주었나? 직장 환경에 문제가 있어 스트레스가 쌓여서 그랬나? 원래 돌봄에 적합하지 않은 사람인가?

같은 일에 종사하는 사람으로서 안타까운 심정이었지만 저는 그 한 장면만 보았을 뿐 그간의 과정을 모릅니다. 그래서 제 편견일 수도 있다고 생각을 바꿨습니다. 치매 때문에 넘어진 이용자를 걱정한 나머지 직원의 말투가 거칠어졌으려니 했습니다.

하지만 직원에게 악의가 없었다 해도 '침대에서 일어날 때는 언제든지 말씀해 주세요' 이렇게 좀 더 적절한 대응을 할 수 있습니다.

부적절하다 싶은 말을 당연하게 여기면 최악의 경우 언어 학대로 이어질 가능성이 없다고는 못 합니다. 학대는 적절치 못한 돌봄의 결과물이라고도 합니다. 이용자를 대하는 말투는 직원 개인 문제로 치부할 게 아니라 시설 전체가 대처해야 할 과제입니다. 그리고 그것은 저를 포함한 시설장의 책임이기도 합니다.

일본에서는 2000년에 노인장기요양보험이 도입되었으나 돌봄의 세계는 그 이전 조치제도[5] 시대에 있던 '해 준다'식 권위주의 문화를 아직 벗어나지 못한 것일까요?

---

5 조치제도 : 지체장애인과 지적장애인이 이용하는 서비스 내용을 행정기관이 결정하는 제도

그래서인지 일반 서비스업에서는 생각도 할 수 없는 반말이나 '아- 해봐' '잘했네'처럼 아이에게 하는 말, 심지어는 '기다려' '빨리 해' 같은 명령어투와 '안 돼, 안 돼' 같은 부정어를 이용자에게 자주 사용합니다.

치매환자는 아이가 아니다

———

비록 치매에 걸려 판단력이나 이해력이 떨어졌다 해도 아이로 돌아간 것이 아닙니다.

돌봄 업무가 식사나 목욕 그리고 배설 같은 일상생활을 지원하는 일이다 보니 이용자와 너무 가까워져 자칫 적절한 거리감을 잃게 되지 않나 생각합니다. 어쩌면 이용자와 거리를 좀 더 좁히고 싶어서 버릇없는 말투를 친해지기 쉬운 말투라 착각하고 사용하는 직원도 있을 듯합니다.

저희 시설에서는 직원들이 저에게 공손하게 말하기 때문에 이용자에게도 저에게 말하는 것처럼 대해 드리라고 직원 교육을 합니다.

말투 얘기만 나오면 반드시 따라오는 것이 아무리 경어를 사용해도 이용자를 생각하는 '마음'이 없으면 의미가 없다는 논쟁입니다. 또한 이용자는 존댓말을 좋아하지 않는다는 의견도 있습니다.

물론 아무리 말투가 좋아도 차가운 느낌을 준다면 생각해 볼 일입니다. 이용자와 아무리 친해져도 상대가 어르신임을 잊지 말아야 합니다.

저희 시설에서는 전문직으로서 성심껏 돌보고 친해지기 쉬운 공손한 말로 응대하기를 대화의 기준으로 삼습니다.

치매환자의 존엄을 지키는 일은 거창한 일이 아닙니다. 그날그날의 식사, 목욕, 배설을 돌봐드리고 의사소통 하나 하나를 지원하는 일과 함께한다고 저는 생각합니다.

복지는 '행복'을 의미하는 말입니다. 이용자와 직원 모두가 행복해지도록 다소나마 노력을 쌓아갑니다.

칼럼 2

치매환자와 마음을 나누는 방법

　돌봄 상담 주제는 치매환자와 소통할 때 생기는 일이 가장 많습니다. 상담 내용은 주로 '같은 걸 여러 번 반복해서 말한다, 무슨 말을 하는지 모르겠다, 이쪽이 말하는 게 전달되지 않는다, 갑자기 화를 내거나 울 때가 있다, 사실과 다른 것을 마치 사실처럼 말한다, 반응이 없다'이고 그 밖에도 다양합니다.

　그래서 저희 시설에서 하는 '밸리데이션 validation'을 소개하겠습니다. 밸리데이션은 원래 검증이나 확인이라는 뜻인데, 미국의 연구자 나오미 페일이 개발했습니다. 알츠하이머형 치매 및 유사한 치매 고령자와 소통하기 위한 방법으로 치매 고령자가 존엄을 회복하고 방에 틀어박히지 않도록 지원하는 간단하고 실용적인 기술입니다.

이 기술이 익숙해지면 10분 만에 치매 고령자와 마음이 통해 소통을 할 수 있습니다. 상대방에게 진지하게 마음을 열고 편견을 갖지 않고 공감하며 경청합니다.

밸리데이션을 습득하기 위해서는 연수할 시간이 필요하기 때문에 여기에서는 누구나 응용 가능한 핵심을 간단히 설명하겠습니다.

핵심 1 정신 통일하고 경청하기

치매환자의 기분을 진심으로 느끼기 위해서는 먼저 자기 자신이 초조한 감정에서 해방될 필요가 있습니다. 그러기 위해 단전(배꼽 아래 5센티쯤 되는 곳)에 신경을 집중하며 코로 숨을 깊이 들이쉬고 입으로 내뿜습니다. 모든 사고를 멈추고 호흡에 의식을 집중합니다. 이를 천천히 여덟 번 반복합니다.

핵심 2 치매환자 정면에서 눈을 맞추고 이야기하기

따듯한 눈빛으로 눈을 맞추면 치매환자는 안정감을 느낍니다.

핵심 3 상대방의 말 따라하기

치매환자가 '쓸쓸해' 하면 '쓸쓸하시군요' 하고 같은 말을 가락과 리듬을 맞추어 반응해 주세요. 무심코 '내가 있으니까 괜찮아요' 하기 쉬운데 위로하지 마세요. '공감하며 듣기'만으로도 믿음이 생깁니다.

핵심 4 낮고 또렷한 목소리로 천천히 말하기

높거나 작은 목소리로 빨리 말하면 고령자는 알아듣기 힘듭니다. 낮고 또렷한 목소리로 천천히 말해 주세요.

핵심 5 스킨십으로 소통하기

말로 소통하기 어려운 중증 치매환자와는 손을 잡거나 어깨에 손을 대는 것으로 친밀한 관계를 만들 수 있습니다. 그러나 닿는 걸 싫어하는 경우에는 스킨십을 삼가 주세요.

이상과 같은 기법을 통하여 치매환자와 마음이 통하게 되면 환자 본인뿐 아니라 돌보는 이의 고뇌도 덜 수 있습니다.

참고문헌 : 『밸리데이션 페일 메소드』나오미 페일Naomi Feil 씀, 전국 커뮤니티라이프서포트센터, 2016년

제3장

고민하는
가족과
돌보는 이

제3장은 가족이 돌보기 때문에 생기는 고뇌에 초점을 맞췄습니다.

가족 중 누군가 돌봄이 필요한 상황에 놓였을 때 지금까지 유지해 온 관계를 다시 생각해 보게 됩니다. 치매는 본인뿐 아니라 가족의 생활에도 영향을 미칩니다.

가족을 돌보는 사람은 대부분 치매에 걸린 가족의 현실을 쉽게 받아들이지 못할 것입니다. 그 갈등과 함께 끝이 보이지 않는 돌봄 때문에 불안감이 더해집니다. 더욱이 치매환자는 같은 말을 되풀이하므로 돌보는 사람도 여러 번 같은 걸 반복해야 하니 긴장 상태가 계속됩니다.

또한 돌보는 사람이 치매를 바르게 이해하지 못해 적절히 대응하지 못하면 치매 환자의 증상이 더욱 나빠져서 결국 돌보는 이의 부담으로 돌아옵니다. 가장 나쁜 경우 자신의 건강을 해치거나 환자를 학대할 수도 있습니다.

그래서 이 장에서는 치매 가족을 돌보는 이가 고립되어 혼자 떠맡는 소위 '독박 돌봄'이 없도록 시설을 이용하는 방법도 썼습니다.

치매 가족을 돌보시는 여러분께 위로를 담아….

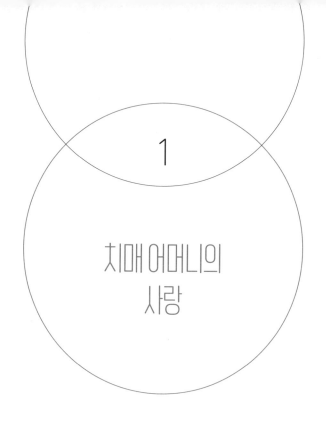

1

치매 어머니의 사랑

필요 이상 간섭하던 어머니를 향한 응어리

"어머니를 집으로 모셔 가서 돌보고 싶은데요."

지인에게 소개 받은 다미야 나루코(55세, 여) 씨를 상담했습니다. 다른 시설에 계시는 어머니 이야기입니다. 어머니가 계시는 시설의 담당 케어 매니저와 상담해야 적절한 조언을 받을 텐데 싶으면서도 말을 들어 보았습니다.

"저 사람이 기저귀를 갈러 와서 내 엉덩이를 때렸어."

다미야 씨가 평소처럼 시설을 방문했을 때 어머니가 큰 소리로 울며 매달렸다고 합니다. 치매가 있으니 어머니 말씀을 어디까지 믿어야 좋을지 반신반의했는데 그 하소연을 듣고 짚이는 데가 있었답니다.

그 시설에 가면 간호사나 돌봄 직원이 말을 거는 이용자를 무시하는 장면을 자주 맞닥뜨린다고 합니다. 표정 없는 이용자와 웃음기 없는 직원을 보고 어머니를 그곳에 계속 두어도 좋을지 고민 중이라 했습니다.

다미야 씨가 거의 매일 어머니를 보러 가니 남 보기에는 효녀입니다. 그러나 어릴 때부터 어머니를 존경할 수 없었다고 합니다. 아버지에게 의존하고 자녀를 지나치게 간섭하고 자기 마음대로 안 되면 이성을 잃었기 때문입니다. 그래도 다미야 씨는 부모님의 기대에 부응하려고 애썼다고 했습니다.

하지만 끝까지 버티지는 못했습니다. 사춘기가 된 다미야 씨는 대학 입시에 실패한 뒤 교육열 높은 부모님께는 재수 학원에 다닌다며 집을 나왔습니다. 부모님 간섭에서 벗어나려고 그랬답니다. 상경한 다미야 씨는 진학을 포기하고 학원에 가지 않았습니다. 그 후 부모님이 소개한 남성과 결혼하여 친정 근처에서 살다가 아버지가 돌아가신 후 이혼했습니다.

어머니는 뇌경색을 앓는 데다가 중증은 아니나 치매까지 걸려 시설에 입소했습니다.

"네 언니가 나 때문에 서운한 게 많았을 거야."

어느 날 다미야 씨 여동생이 시설을 방문했을 때 어머니가 이런 말을 했다고 합니다.

여름방학의 기억

어머니 말을 여동생에게서 전해 들은 다미야 씨는 어느 길었던 여름방학이 떠올랐습니다.

다미야 씨가 초등학교 2학년 여름방학 때 외할머니가 돌아가셨습니다. 혼자 남은 외할아버지는 몸져눕게 되고 너무나 쓸쓸해하셔서 어머니가 당신 대신에 다미야 씨를 시골 외할아버지 댁에 보냈습니다.

낡고 커다란 집 툇마루에 혼자 앉아 인형에게 말을 거는 꼬마. 밤중에 복도를 지나서 떨어져 있는 화장실에 갈 때의 불안감. 도우미 아주머니가 오지 않는 날은 심부름을 도맡아야 했던 일. 어머니가 몇 번 와 주었지만 데려가 달라고 말하지 못했던 일.

다미야 씨는 설마 치매에 걸린 어머니가 그걸 기억하며 후회할 거라고는 생각도 못 했습니다. 그래서 그때 마음 한 구석에 남아 있던 어머니를 향한 응어리가 풀렸다고 합니다. 다미야 씨는 너무나 기쁜 마음에 어머니에게 물었습니다.

"여기서 나가 저와 함께 살래요?"

"나는 휠체어 생활을 하니 너에게 짐만 될 거야. 여기서 일하며 있어 볼게. 옛날에 은행에 다녀서 사무 보는 건 잘해."

어머니가 색칠 도안을 여러 장 보여 주더니 "셋이 있으면 행복해!" 하고 자신과 다미야 씨와 여동생을 차례로 가리키며 웃었다고 합니다.

외로웠지만 집에 가고 싶다는 말을 못 했던 그 여름방학 때의 다미야 씨처럼 어머니도 딸이 걱정돼 집으로 가고 싶다는 말을 차마 못 한 게 아닐까요. 하루가 멀다고 시설에 찾아가는 딸들의 사랑이 어머니를 변화시켰습니다.

"치매에 걸린 어머니한테서 저를 향한 사랑을 발견했어요."

다미야 씨는 음미하듯 말했습니다.

저는 다미야 씨와 어머니가 집에서 무리 없이 생활할 수 있도록 복지 용구와 돌봄 서비스 들을 설명해 드렸습니다. 그리고 덧붙였습니다.

"집으로 모셔 가고 싶으면 언제든지 시설에 말씀하세요."

2

치료 범위
상의

가장 반가운 건 다정한 말

"나이 들면 가장 반가운 게 뭔지 알아?"

이구치 요코(93세, 여) 씨가 물었습니다.

"다정한 말!"

제가 대답을 못 하고 난처해하니 자신이 답했습니다.

"나이가 들면 외로워져. 자네 나이 때는 모를 거야."

이렇게 말을 잇고는 저를 보았습니다. 이구치 씨는 모든 걸 스스로 했는데 언덕 위에 있는 집에서 혼자 살기가 어려워져 시설에 들어왔습니다.

"여기 들어오면 누군가를 돕고 싶어요."

면접 때 한 말입니다. 그 말대로 시설에 들어온 후에는 난처한 상황에 놓인 사람이 있으면 말을 걸고 슬며시 도와주었습니다.

그래서 입주자들은 고민이 있으면 이구치 씨를 찾아가 의견을 구했습니다. 이구치 씨가 고민이 있는 사람에게 해결책이나 조언을 해 주지는 않습니다. 그저 조용히 이야기를 듣고 독실한 크리스천답게 "기도할게요" 합니다. 그럼에도 상담을 한 사람은 한결같이 위로가 되었다고 했습니다. 그런 인품이라 저희도 존경했습니다. 그런데 어느 날 이구치 씨가 심각한 얼굴로 상담하러 왔습니다.

"2주 전부터 변이 나오지 않아요."

이거 큰일이다 싶어 간호사에게 물어보니 변비가 아니라며 고개를 갸웃했습니다. 저는 이구치 씨처럼 변 얘기를 하는 고령 어르신을 여러 명 압니다. 대부분 치매 초기 증상으로 나타나기 때문에 탈수되지 않도록 주의할 것과 함께 진료 받기를 권합니다.

이구치 씨는 그 뒤 여러 번 몸이 좋지 않다고 호소했습니다. 병원에 가서 진료를 받았지만 이렇다 할 나쁜 데는 없었습니다. 그러나 식사 시간에 식당에도 오지 못할 정도가 되어 끝내 입원했습니다.

"몸이 찌뿌드드해서 견딜 수가 없어."

문병을 갔더니 가냘픈 목소리로 말했습니다. 간호사에게 이구치 씨 상태를 물으니 불안한지 간호사 호출 벨을 자꾸 눌러 난처하다고 했습니다.

이구치 씨는 진득하고 참을성이 많은 사람입니다. 간호사 호출 벨을 누를 정도면 상당히 급한 상태였을 것입니다. 얼마 후 이구치 씨는 뇌경색을 일으켰습니다. 수술을 해 목숨은 건졌지만 입으로 음식물을 먹기가 어려워 가족들은 위에 관을 직접 주입하는 위루관 영양법을 선택했습니다.

가족에게 그 이야기를 들었을 때 이구치 씨가 늘 "아무에게도 폐 안 끼치고 죽었으면 좋겠다" 했던 말이 떠올랐습니다. 저는 왠지 이구치 씨라면 반드시 그렇게 될 거라 믿었습니다.

그러고 나서 여러 번 문병을 갔습니다. 고통을 느끼는 모습은 아니라 안심했는데 말을 걸어도 점점 반응하지 않게 되었습니다. 하루는 이구치 씨가 좋아했던 찬송가라면 마음에 닿을까 싶어 귓전에서 불러 보았습니다. 그러자 눈에서 한 줄기 눈물이 주르륵 흘러내렸습니다.

이구치 씨는 위루관 영양법 상태로 병석에 누워 약 1년을 살고 세상을 떠났습니다.

1년이라는 시간의 의미

그렇게 남을 위해 살아온 이구치 씨의 기도가 왜 이루어지지 않았는지 저는 오랫동안 답을 찾지 못한 채 지냈습니다. 그런데 어느 날 "저에게 그 1년 동안은 필요한 시간이었어요. 어머니를 보내드릴 마음의 준비를 할 수 있었으니까요" 가족분이 이렇게 말하는 것을 듣고 구원받은 기분이었습니다.

이구치 씨는 자리보전하고 누워서도 주변 사람을 위해 살았습니다. 그러니까 거기에도 큰 의미가 있었다는 생각이 들었습니다. 그리고 이구치 씨가 자주 읊조리던 성경 말씀이 머리에 떠올랐습니다.

"신께서 하시는 일은 모두 때를 따라 아름답다."

남은 가족과 친구에게 이 말씀은 위안입니다. 그럴지라도 위루관 영양법을 해야 할지 말아야 할지는 결정해야 합니다. 요즘은 그걸 거부하는 것도 그다지 어렵지 않은데 당시에는 입으로 먹을 수 없는 사람이 병원이나 시설에서 돌봄을 받으려면 선택지가 별로 없었습니다. 가족들은 어쩔 수 없이 위루관 영양법을 결정해야 했습니다.

어디까지 치료하면 좋을지 의사표시가 가능할 때 의견을 맞춰놓는 것은 본인에게나 남게 될 가족들을 위해서나 매우 중요한 일입니다.

3

후회 없는
의사 결정

살만큼 살았으니 이대로

시설에서 목욕 지원할 때 있었던 일입니다.

다무라 사쿠라(68세, 여) 씨는 야마나카 모토코(92세, 여) 씨가 옷 갈아입는 걸 도와주려고 했습니다.

하지만 야마나카 씨는 다무라 씨의 손을 천천히 제지했습니다.

"내 일은 내가 할 수 있어요."

그러자 다무라 씨는 이해할 수 없다는 표정으로 돌봄 직원에게 말했습니다.

"야마나카 씨가 등이 굽어 옷 입기가 어려울까 봐 도와드리려

했는데⋯."

직원은 도움이 필요하면 저희가 하겠다고 말씀드렸습니다.

그 일이 있고 얼마 후에 야마나카 씨가 몸이 안 좋으니 검사를 위해 입원하겠다고 했습니다. 그리고 의연하게 말했습니다.

"혹시 나쁜 병이 있더라도 적극적인 치료나 수술은 안 할 거예요. 뭐 충분히 살았으니 여한은 없어요."

그 말을 들은 저는 야마나카 씨다운 결심이라 생각했습니다.

야마나카 씨 말고도 그렇게 말하는 이용자가 있는데 '지금이야 그러시겠지' 생각하며 듣습니다. 하지만 야마나카 씨 경우는 하루하루 생활하는 모습을 보고 그 결심이 변하지 않을 거라고 확신했습니다.

야마나카 씨는 근처에 아들이 사는데 귀찮게 하고 싶지 않다는 이유로 시설에 들어왔습니다. 등이 상당히 굽었으나 비록 시간이 걸릴지라도 일상생활은 모두 스스로 합니다. 고령자용 보행 보조기를 이용해서 외출도 혼자 합니다. 게정거리거나 욕하는 일이 없고 자신에게 엄격하고 남에게 너그러운 분이었습니다. 자립심이 강하고 남에게 도움받는 걸 가장 싫어했습니다. 제가 따라 하고 싶어도 할 수 없을 것 같은 어르신이었습니다. 그 후 야마나카 씨는 입원했습니다.

"몇 십 년 만에 어머니 꿈을 꾸었어요. 지금까지 병으로 입원한 적이 없어서 그런지."

병문안을 갔더니 왠지 병 상태는 말을 안 하고 처음 듣는 어머니 이야기를 했습니다. 몇 주가 지났을 때 야마나카 씨가 수술했

제3장 고민하는 가족과 돌보는 이

고 경과가 좋다는 말을 아들에게 들었습니다. 저는 그 이야기를 듣고 좀 이상하다 싶었습니다. 이전에 문병 갔을 때 야마나카 씨가 수술한다는 말은 안 했기 때문입니다. 다시 문병을 가자 야마나카 씨는 늘 그랬듯이 미소를 잃지 않으며 말했습니다.

"이 나이에 수술할 생각은 없었는데 입원을 하니 의사 선생님들이 참 잘해 줬어요. 그래서 살아야겠다고 마음이 바뀌었지요. 꿈에 아직 어머니 곁으로 갈 수 없다고 사과했어요."

눈앞에서 밝은 모습을 뵙고 나서 제가 이상하다 싶었던 게 말끔히 해소되었으며 그 결단도 야마나카 씨답다고 생각했습니다.

선입견 없이 대하는 것이 중요

사람의 기분이나 의사 결정은 흔들리는 것이 당연합니다. 그런데 저는 야마나카 씨만은 본인이 결정한 것은 남의 영향을 받지 않고 관철하는 분이라고 제멋대로 확신했습니다. 그런 선입견 때문에 야마나카 씨의 기분과 생각 변화를 헤아리지 못했습니다. 헤아리기는커녕 야마나카 씨가 마음이 변했다고 말하기 어려운 분위기를 은연중에 조성했을지도 모릅니다.

이용자가 후회하지 않는 의사 결정을 하도록 돕기 위해 마음이란 변하기도 한다는 걸 말해 주어야 합니다. 저 자신도 선입견 없이 대하는 것이 중요하다는 걸 다시금 깨달았습니다.

야마나카 씨는 퇴원 후 시설로 돌아왔습니다. 잠시 동안은 건강하게 지냈는데 좀처럼 건강을 회복하지 못하고 다시 입원했습니다. 그리고 입원한 곳에서 하늘나라로 떠났습니다.

장례 때 본 마지막 얼굴은 꿈에 어머니를 만났다던 때의 모습과 같았습니다.

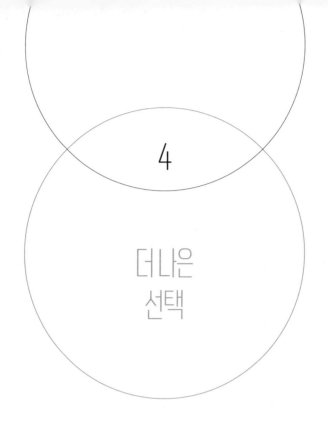

4

더나은
선택

가족이 자주 면회하면 이용자가 평온해져

"또 어머니를 때렸어요."

주간 보호 서비스 이용자 이마다 야스코(84세, 여) 씨의 딸이 시설에 전화했습니다. 이마다 씨가 혼자 거동은 가능한데 치매라서 모든 행동을 일일이 챙겨야 합니다.

딸은 매사에 틀림없던 어머님의 변화를 받아들이지 못했지만 함께 살면서 열심히 돌봐 드렸습니다. 그러나 끝이 보이지 않고 매일 반복되는 돌봄으로 피폐해져 가끔 어머니에게 손찌검을 했습니다. 그때마다 자책감에 울며 전화를 했습니다.

집에서 돌보기에는 한계가 온 것 같다고 조언하자 이제까지 어머니가 곱게 길러 주셨는데 시설에 보낼 수는 없다고 했습니다. 그래서 어머니를 돌보다가 쓰러지면 어머니가 더 고생하실 테고 시설에 들어와도 가족의 역할과 책임은 충분히 할 수 있다고 딸을 설득했습니다.

그 후 시간은 걸렸지만 어머니는 시설에 들어왔고 딸은 어머니가 좋아하는 음식이나 옷을 가지고 자주 면회를 왔습니다. 어머니는 생각보다 빨리 시설에 적응했습니다.

자택에서 자기 부모님을 돌보고 싶어도 여러 가지 사정으로 그럴 수 없는 가족이 많습니다. 그럴 때 시설 입소가 부모님과 가족에게 가장 좋은 선택이 되면 좋을 텐데 부모님이나 가족이 그 선택에 반대하는 경우가 있습니다. 그런데 그것이 최선은 아니라도 차선책이 될 수는 있다고 생각합니다. 그러기 위해서는 가족의 협력이 필요합니다. 시설에 입소했다 해서 결코 가족과의 관계가 끝나는 건 아닙니다. 부모님이 시설에서 평온하게 생활하기 위해서 되도록 자주 면회를 가고 가능하면 함께 외출이나 외박을 함으로써 가족의 역할을 충분히 할 수가 있습니다.

혹시 가족이 먼 곳에 살면 편지나 전화로 마음을 전하면 됩니다. 떨어져 있어도 자기를 기억해 주는 가족의 존재는 시설에 계시는 부모님 마음을 위로합니다. 시설 직원은 할 수 없는 가족의 역할입니다.

한편 돌봄 직원은 시설에서 하는 역할이 있습니다. 어느 직원에게서 이용자를 자기 부모처럼 생각하고 돌보려 한다는 말을 들은 적이 있습니다. 그 마음을 부정하지는 않습니다만 오히려 저는 이용자가 자기 부모님이 아니어서 안심하고 돌봐 드릴 수 있지 않을까 생각합니다.

돌봄 종사자를 지키는 적절한 거리 두기

———

돌봄은 일의 성격상 신체에 직접 닿는 기회가 많기 때문에 이용자와 친밀한 관계가 되기 쉽습니다. 돌봄 직원이 자기 부모님이라 생각하고 이용자를 대하면 상대방을 위한다는 명분으로 자기감정이나 생각을 거리낌 없이 발산해 버릴 가능성이 있고 깨닫지 못하는 사이에 지배와 의존 관계에 빠질 때도 있습니다.

그러므로 돌보는 일을 하는 사람은 이용자와의 사이에 일부러 적절한 거리를 두고 절도를 지킬 필요가 있습니다. 그리고 그 거리는 날마다 이용자와 밀접하게 지내다 보면 생기는 돌봄 스트레스에서 자신을 지키는 일이기도 합니다. 이용자 곁에서 의사를 존중하고 가능한 일은 스스로 하시게 하고 할 수 없는 부분만을 지원합니다. 평안한 생활을 시설에서 실현하는 것은 전문직으로서 돌봄 종사자의 역할입니다.

가족과 종사자가 각자 역할을 다하고 함께 이용자를 지원하면 시설에서 지내는 동안에도 생활의 질을 높일 수 있다고 생각합니다.

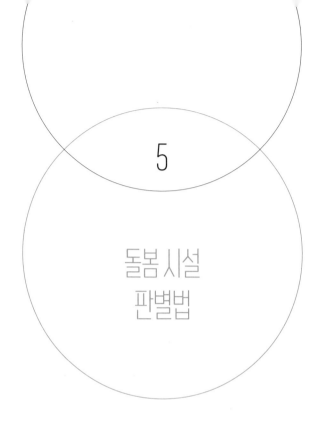

5

돌봄 시설
판별법

시설장 의견에 공감하느냐가 중요

이번에는 광고 책자에 현혹되지 않는 입주 시설 판별법을 말
씀드리고 싶습니다.

먼저 인터넷 사이트를 참고해서 들어가고 싶은 시설의 범위가
좁혀지면 시설장을 직접 만나 운영 이념과 방침을 들어 봅시다.
그 시설 수장의 이야기에 공감이 가는지 여부는 매우 중요합니
다. 제대로 된 이념을 가진 수장이 운영하는 곳이면 직원 교육도
잘 돼 있어 이용자의 만족도도 높아지기 때문입니다.

시설 견학은 중요하므로 가능하면 낮뿐 아니라 저녁에도 가

봅시다. 주간 견학에서 좋은 인상을 받아도 야간 담당 직원이 이용자에게 큰 소리를 지르는 걸 보고 주간과의 차이에 놀란 적이 있습니다.

또한 반드시 한 번은 점심 때 견학을 합시다. 잘못 삼킴을 방지하기 위해 이용자가 휠체어에서 의자로 옮겨 앉아 식사를 하는지, 눈이 잘 안 보이고 입이 짧은 치매 이용자에게는 직원이 요리 재료를 자세히 설명해 주며 식욕을 돋우는지, 돌보는 쪽 사정으로 밥과 반찬과 약을 함께 섞어서 먹는 재미를 잃게 하는 행위를 하지는 않는지도 살펴봅시다.

식사 풍경을 보면 돌봄의 질이나 직원 수가 적당한지를 알 수 있습니다. 직원이 인사를 하는지, 공손하게 말하는지, 옷차림이 단정한지 살펴보는 것은 기본입니다.

'서비스 제공 체제 강화 가산'에 주목

서비스의 질이 일정 수준 이상으로 유지되는 사업소를 평가하기 위하여 마련한 서비스 제공 체제 강화 가산[1]이 있습니다. 이것을 취득한 시설인지를 물어봅시다.

중앙 집중 조리 시설에서 제조한 냉장, 냉동식품을 데운 식사

---

1 서비스 제공 체제 강화 가산 : 돌봄 종사자의 전문성을 중심으로 한 경력에 주목하고 서비스의 질이 일정 수준 이상 유지되는 사업소를 평가하는 데 가산점을 주는 제도. 서비스 종별에 따라 월·일·횟수별 취득 단위 수, 각종 유자격자 비율, 근속 연수 들을 산정 요건으로 정하여 Ⅰ, Ⅱ, Ⅲ급으로 나누는데 높은 등급을 받을수록 좋은 시설로서 국가 보조금이 많아져 종사자의 급여를 높여 줄 근거가 됨. 따라서 돌봄의 질이 높아진다고 보므로 이용료가 비싼 편임

를 제공하는 시설이 느는 추세지만 저는 지역에서 수확한 식재료를 사용해 자기 시설에서 조리한 식사를 제공하는 시설을 선호합니다.

시설에 입주하면 자유롭게 외출할 수 없게 되므로 꽃구경이나 여름 축제, 경로잔치나 크리스마스 모임 같은 행사의 빈도와 함께 외출 기회를 얼마나 확보해 두었는지에 관한 정보도 수집합시다.

가족이나 친구가 방문하기 쉽고 자원 활동가나 실습생 같은 외부인이 출입하는 시설은 보는 눈이 많기 때문에 신경을 쓰게 되므로 자연히 좋은 평가를 받는 듯합니다.

마지막으로 시설이 깨끗한지, 냄새는 없는지, 꽃이 꽂혀 있는지, 설비에 이용자가 사용하기 쉽게 여러모로 궁리한 흔적이 있는지를 봅시다. 재해나 화재 대책은 간과하기 쉬운데 체크가 필요한 항목입니다.

단위형 특별 양호 노인 홈을 먼저 검토

돌봄이나 의료의 필요성 그리고 경제력이나 가족의 돌봄 능력 같은 것에 따라 선택하는 시설의 형태나 종류가 달라집니다.

노인장기요양보험 인정이 돌봄 3등급 이상(일본의 경우)이고

투석 등 특별 의료가 필요하면 비용 대비 효과를 생각해서 단위형 특별 양호 노인 홈 입주를 검토합시다. 모든 방이 개인용으

로 10인 정도를 하나의 생활 단위로 하니 사생활 보호와 세심한 돌봄을 기대할 수 있기 때문입니다. 이용료는 기존형보다 약간 높지만 유료 노인 홈과 비교하면 싼 것도 매력입니다.

지역 차는 있으나 이전에 비하면 대기 기간이 짧아졌습니다. 일단은 신청해 두면 좋겠습니다.

빠른 입주를 원한다면 유료 노인 홈이나 소규모 다기능형 재가 돌봄 같은 곳을 이용하며 대기합시다. 소규모 다기능형 재가 돌봄은 잘 알려져 있지 않으나 이용자의 필요에 융통성 있게 대응할 수 있다는 점에서 뛰어납니다.

이용자나 가족의 상황에 맞게 이용 횟수에 제한이 없고 숙박(개인용 방), 방문, 통원 서비스를 전담 직원이 제공합니다. 이용료는 정액제이므로 안심입니다.

시설을 선택할 때 별생각 없이 외관에 현혹되기 쉬운데 건물이 아무리 근사해도 돌보는 쪽 사정을 우선시하는 시설에는 부디 주의하시기 바랍니다.

이상은 제 사견이지만 여러분이 시설을 선택하는 데 참고가 되었으면 좋겠습니다.

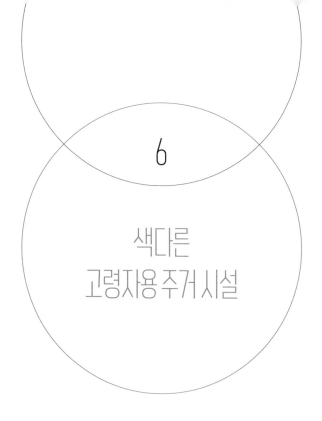

6

색다른
고령자용 주거 시설

안심과 자유

———

돌봄 시설에 입소하면 365일 24시간 중단 없는 돌봄이 제공되고 건강과 영양도 관리해 주기 때문에 안심할 수 있어서 특히 가족들이 좋아합니다. 지병이 있는 경우에는 이용자 본인도 안심을 합니다.

그러나 외출·외박을 자유롭게 할 수 없습니다. 의사, 간호사, 돌봄 직원의 대응에 불만이 있어도 다른 이로 바꿀 수는 없습니다. 식사는 시설에서 나오는 대로 정해진 시간에 먹어야 합니다. 목욕 횟수나 시간도 정해 놓은 곳이 대부분입니다.

이용자에게는 아무래도 제한이 있는 생활입니다. 돌봄을 필요로 하는 이가 안전하게 살고 싶다는 바람은 당연한 것이나 그러기 위해 자신의 생활 방식을 포기해야 하는 건 안타까운 일입니다. 그래서인지 돌봄 시설 입주에 거부감을 느끼는 사람이 예상 외로 많은 것 같습니다.

그러다 보니 기존의 돌봄 시설보다는 제한이 적고 좀 더 다양한 선택지가 있어서 자유도가 높고 새로운 시설 서비스를 만들 수는 없을까 깊이 생각하게 되었습니다. 그런 이상을 가지고 보통의 사코주[2]보다 좀 더 자유로운 사코주를 2013년 히로시마현 구레시[3]에 세웠습니다.

지원이 약간 필요한 고령자가 자신의 방식을 유지하며 생활 가능한 주택으로 만들기 위해 역시 돌봄 서비스는 필수입니다. 그래서 1층에 사무실, 카페, 재가 돌봄 지원 사업소, 지역 상담센터를 그리고 2층에는 그룹 홈, 치매 대응형 주간 보호 서비스, 헬퍼 스테이션[4]을 설치하고 3~5층을 사코주로 했습니다.

돌봄 시설이나 일반 사코주와는 달라서 입주자는 외출·외박이 자유롭습니다. 협력 병원이 있지만 시설에 입소하기 전부터 다니던 의사에게 진료 받아도 됩니다.

식사는 1층 카페에서 한 끼부터 먹을 수 있습니다. 요리를 하

---

2 사코주 : 고령자 거주의 편의와 안전 확보를 위해 장애물이 없는 구조로 지은 건물. 돌봄과 의료를 연계하여 고령자를 지원하는 서비스를 제공한다는 의미인 '서비스 포함 고령자용 주택'의 일본어 발음 첫 글자를 모아 만든 용어
3 구레시 : 히로시마현 서남부에 위치한 인구 약 20만의 항구 도시
4 헬퍼 스테이션 : 집에서 생활하며 돌봄을 받는 고령자에게 홈헬퍼를 파견하여 필요한 서비스를 제공하는 방문돌봄사업소의 서비스 거점. 서비스 내용에는 신체 돌봄(식사, 배설, 목욕)과 생활 지원(청소, 세탁, 조리)이 있음

고 싶을 때에는 개인 방에 딸린 주방에서 만들 수 있는데 주방에는 전기레인지가 구비되어 있습니다. 방에 욕실이 딸려 있어서 편한 시간에 사용할 수 있습니다. 혼자 들어가기 불안하면 헬퍼의 도움도 받을 수 있습니다.

주간 보호 서비스, 방문 돌봄, 단기 입소[5] 같은 돌봄 서비스도 마음에 드는 외부 사업소를 이용할 수가 있습니다.

또한 생활을 도와주는 사람이 있기 때문에 어려운 일이 있으면 상담도 가능합니다. 하루에 한 번 안부 확인을 무료로 진행하고 방에서 넘어진 경우에도 발견이 늦어질 위험을 줄일 수 있게 했습니다. 몸 상태가 갑자기 나빠졌을 때에는 긴급통보장치를 누르면 주간에는 생활 도우미가 야간에는 방범회사 직원이 대응합니다. 이렇게 잘 조합하여 돌봄 시설 못지않은 서비스를 받을 수 있게 만들었습니다.

비용 면에서도 최대한 부담이 덜하도록 입주 일시금[6]은 받지 않고 보증금만 내게 했습니다.

다양한 시설이 있으면 노후 생활이 편안

그런데 상시 돌봄 직원이 없어서 불안하다는 사람이 적지 않

---

5 단기 입소 : 어린이, 장애인, 고령자에게 심신 상황이 발생했거나 병을 얻었을 때 또는 그 가족이 질병, 관혼상제, 출장 등 잠깐씩 돌봄이 불가능할 때 그리고 가족의 정신, 신체의 부담을 줄이기 위해 단기간 입소하여 일상생활 전반을 지원받는 서비스
6 입주 일시금 : 유료 노인 홈 특유의 시스템으로 월 이용 요금과는 별도로 입주할 때 지불하는 비용. 그 홈을 종신 이용하는 '권리 취득'이 목적이고 정해진 금액은 없음

있습니다. 견학 행사를 열었을 때 중증이라 돌봄이 필요한 사람은 입주할 수 없느냐는 질문을 상당히 많이 받았습니다.

특별 양호 노인 홈 같은 시설을 생각하고 오신 분 중에는 낙담하고 되돌아가신 분도 있었습니다. 다른 많은 사코주도 특정 시설 입주자 생활 돌봄을 지정받아 항상 돌봄이 가능한 시설입니다. 그렇게 하면 사업자에게도 유리합니다. 입주자 확보가 쉬운 편이고 서비스도 자기 시설을 사용하기 때문에 경영이 안정됩니다.

그러나 그래서는 '자유도가 높은 사코주를 중심으로 지금까지 없었던 새로운 서비스를 창조한다'는 당초의 생각에서 멀어지고 맙니다. 이런 고민을 하면서도 흔들림 없이 초심을 관철하기로 직원들과 다짐했습니다.

하지만 새로운 비전에 따른 서비스 내용의 본질을 케어 매니저와 이용자 그리고 가족들이 좀처럼 이해하지 못해 사코주가 만실이 되는 데 1년이 걸렸습니다. 안심과 안전만을 바란다면 기존 시설이 더 우수한 것이 원인 중 하나였다고 생각합니다.

그 후에 휠체어 이용하는 분, 투석 치료 중인 분, 치매에 걸린 분, 돌봄 4등급[7]을 받은 분, 이처럼 중증이라 돌봄이 필요한 분도 입주해서 견학 행사 때의 오해는 해소되었습니다. 이용자는 돌봄 서비스나 의료를 필요에 맞게 선택하며 생활할 수 있었다고 생각합니다. 물론 치매에 걸려서 24시간 돌봄이 필요한 입주자는 2층

---

7 돌봄 4등급 : 일본은 노인장기요양보험에서 '요개호4'로 중증

그룹 홈으로 이주합니다. 다른 시설로 옮긴 분도 있습니다. 돌봄이 필요하게 되었을 때 각각의 요구에 부응 가능한 시설 서비스가 지역에 있으면 노후 생활이 편안하리라 믿습니다.

저희 사업소의 헬퍼 스테이션 이용 요구는 많지 않아 다른 헬퍼 스테이션에 연계하는 편이 낫다고 판단해 2018년에 폐쇄했습니다.

옛이야기를 함으로써
자존감을 되찾는
회상법

치매환자 중에는 기억력이나 판단력 저하로 자신감을 잃고 불안해하는 사람이 많습니다. 그러나 그런 사람도 오래 전 일은 잘 기억해서 눈을 반짝이며 이야기합니다.

그래서 저희는 회상법을 도입해 실시 중입니다. 회상법이란 1960년대에 미국 정신과 의사 로버트 버틀러가 제창한 방법으로 옛날 사진, 음악, 도구 같은 걸 이용하여 그리운 사람이나 추억을 서로 이야기하는 일종의 심리치료법입니다.

회상법 실시로 다음과 같은 효과를 볼 수 있다고 합니다.

1. 자기가 살아온 날을 되돌아봄으로써 어려운 고비를 넘기고 노력한 자신을 기억해 내어 자신감을 되찾는 계기가 된다.

2. 다른 사람에게 자신이 살아온 이야기를 하고 공감을 얻음으로써 현재의 자신을 인정하고 받아들일 수 있다.
3. 다른 사람이 이야기를 들어주면 불안이나 고독감이 누그러져 고령자에게 많은 우울증을 예방하거나 완화한다.
4. 소통을 하다 보면 뇌가 활성화되어 치매 진행을 억제하거나 예방된다.
5. 돌보는 이가 치매환자의 개인사를 알면 이해도가 높아져 좋은 관계를 구축할 수 있다.

이렇게 해서 치매환자 마음이 안정되면 돌보는 이의 부담이 줍니다.

저희가 회상법을 실시할 때 주의하는 것은 공감하며 경청하기, 말이 틀려도 부정하지 말기, 반복해도 지적하지 말기, 말하고 싶지 않을 때나 건드리고 싶지 않은 과거는 억지로 회상하게 하지 말기, 들은 내용은 비밀을 지키기 따위입니다.

실제로 회상법을 정기적으로 실시하면 어떤 효과가 생길까요?

이런 경우가 있습니다. 대응이 어려울 만큼 큰 목소리로 자주 화를 내고 망상이 있는 치매 남성이 온화해져서 놀랐습니다. 또한 과묵한 여성 고령 어르신이 옛날 가족사진을 보며 울기도 하고 돌아가신 시어머니가 얼마나 훌륭하셨는지 추억을 수다스레 말한 적도 있습니다. 그때 남편분이 옆에서 들었습니다. 평소에는 감정을 드러내지 않던 분인데 자기 어머니를 추억하는 아내를 사랑스러운 눈길로 바라보던 모습을 잊을 수 없습니다.

회상법은 그룹으로도 1:1로도 가능합니다. 돌봄 시설에서 그룹으로 진행하면 공통된 화제로 소통을 즐길 수 있어서 '친구 만들기'로 이어집니다. 가족이 앨범이나 추억 어린 물건을 이용해 옛이야기를 함께하면 혹시 예전에 가족 간에 갈등이 있었더라도 회복하는 기회가 되기도 합니다.

회복해야 할 과거가 없다 해도 새롭게 가족의 유대감을 확인하는 귀중한 시간이 되지 않을까 합니다.

제4장

돌봄 현장에서
애쓰는 이들

제4장은 돌봄 현장에서 최선을 다하는 종사자 여러분에게 성원을 담아 썼습니다.

돌보는 일은 '감정노동'이라고 합니다. 자신의 감정을 이용자에게 맞춰야 하므로 스트레스가 큽니다. 그뿐만 아니라 이용자의 질병, 부상, 사고로 항상 긴장을 늦출 수 없습니다.

더욱이 치매 돌봄 개론은 있으나, 배회·폭력·망상 같은 행동심리증상BPSD에 대처하는 방법은 아직 확립되지 않아 지도하기 어렵습니다. 때문에 경험과 직감에 의지하면서 다양한 갈등에 직면하다 보니 자신감을 잃는 종사자가 많습니다. 그렇기 때문에 치매환자의 자립 지원을 주장하면서도 은연중에 돌보는 이의 가치관을 강요하여 자립을 방해하는 일이 생깁니다.

돌봄 종사자분들이 전문직으로서 여러 과제에 어떤 근거를 가지고 어떻게 대응해야 하는지 조금이라도 고민을 덜 수 있도록 자세히 썼습니다.

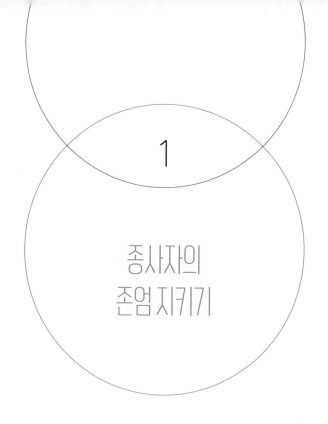

1

종사자의
존엄 지키기

이용자의 폭력과 성희롱

—

"저는 돌봄 일과 안 맞나 봐요."

신입 직원 무라카미 가오루(22세, 여) 씨가 부은 눈으로 말했습니다.

이야기를 들어보니 치매를 앓는 남성 이용자 목욕 차례가 되어 "목욕하러 가시죠" 하자 갑자기 큰 소리를 지르며 때리려 했다 합니다.

"그 이용자가 무서워서 피해 다녀요. 저는 이제 돌보는 일을 할 자격이 없어요. 그러니 일을 그만두겠습니다."

깊이 생각하고 결심한 표정이었습니다. 저는 예전에 이용자에게 지팡이로 얻어맞은 생각이 났습니다. 이용자에게도 감정이 있지만 돌보는 저희에게도 감정이 있습니다. 아무리 일이라지만 그리고 상대가 치매환자임은 알지만 남에게 얻어맞으면 괴롭고 슬프며 화가 나기도 합니다. 그런 공포심은 누구에게나 생기는 당연한 감정이라는 걸 무라카미 씨에게 말해 주었습니다.

또한 무라카미 씨가 그 이용자에게 어떻게 말했는지 이용자는 무슨 말을 듣고 때리려 했는지 그때 상황을 자세히 재현하면서 다른 직원들과 함께 이야기를 나누었습니다. 그것은 사실을 확인하는 작업이 되므로 직원들이 공감대를 가지고 다양한 시점에서 원인과 해결책을 생각할 수가 있습니다. 또한 이용자의 기분을 이해하는 데에도 도움이 됩니다.

이야기 중에 한 선배 직원이, 그 남성 이용자는 목욕을 좋아하지 않기 때문에 표정과 말투를 관찰하다가 기분이 좋을 때를 골라 목욕을 권한다고 했습니다. 무라카미 씨도 그날은 아침부터 기분이 안 좋던 남성 이용자에게 몇 번이나 목욕하라고 하니 짜증나서 그런 게 아닐까 깨달았다 합니다.

앞으로는 이용자 상태를 주의 깊게 관찰하면서 목욕을 거부할 때에는 그 뜻을 받아들여 시간을 두고 다시 권유하기로 했습니다. 그리고 저는 혼자서 그 이용자에게 접근하는 건 되도록 삼가라고 지시했습니다.

어느 날은 중견 여성 직원이 남성 이용자의 방에 갔는데 성희롱을 해서 난처했다는 보고를 했습니다. 즉시 남성 직원이 대신

제4장 돌봄 현장에서 애쓰는 이들

하도록 배려했지만 항상 그런 대응이 가능한 건 아닙니다.

직원이 이용자와의 관계에서 마음에 상처를 입은 경우에는 잠깐이라도 좋으니 지체 없이 대화를 나누어야 합니다. 그리고 이용자를 어떻게 할지 검토하며 직원 개인의 고민으로 치부해 버리지 말고 팀에서 공유하고 보조할 필요가 있습니다.

돌봄 현장에서는 이와 같은 상황에 맞닥뜨리는 일이 자주 있습니다.

치매환자 중에 폭력이나 성적 일탈 행위를 하는 사람이 있습니다. 그 원인으로는 약 부작용과 뇌의 위축, 불안과 외로움 따위를 들 수 있습니다. 돌보는 이가 치매환자를 이해하지 못하거나 돌보는 지식이 부족하여 치매환자의 행동심리증상BPSD이 악화되는 경우도 있습니다.

대부분의 이용자와 가족은 저희가 하는 돌봄을 이해해 주고 따뜻하게 받아 주지만 지나치다 싶은 요구가 없는 건 아닙니다.

전문직으로서 자부심을 갖고 일할 환경을
———

돌봄 인력 부족이 점점 심각해지고 있습니다.

저희 법인에서는 의욕을 가지고 일하는 직원이 그만두지 않도록 그리고 몸과 마음의 건강을 지키기 위해 심리 상담사와 요가 선생님의 도움을 받습니다. 직원은 무료입니다. 또한 법령을 준수하기 위해 변호사, 사회보험노무사, 세무사와 고문 계약을 맺었습니다.

　아직도 충분치는 않으나 이용자에게 질 좋은 돌봄을 제공하기 위해 전문직으로서 심도 깊은 연구를 쌓도록 연수 체제도 갖추었습니다.

　저희 사업은 시설 수용 인원이 정해져 있고 노인장기요양보험에 준해 돌봄 수가가 결정되기 때문에 사업소의 노력만으로 수입을 늘리기에는 한계가 있습니다. 그러나 직원이 전문직으로서 자부심을 갖고 일할 수 있도록 돌봄 직원 처우 개선 교부금 이용과 불필요한 경비 삭감을 통하여 대우와 직장 환경을 개선하려고 끊임없이 노력합니다.

2

지나친 감정이입
주의

이용자의 감정에 휩쓸리다

—

　돌봄 직원인 하야시 구니코(23세, 여) 씨는 언제나 웃는 얼굴로 이용자를 대하고 선배의 주의도 고분고분 받아들입니다. 돌봄 기록도 잘 씁니다. 그녀는 내로라하는 신입이었습니다. 저는 그게 늘 걱정이었습니다.

　어느 날 하야시 씨답지 않게 서류 제출이 늦었습니다. 이유를 물으니 사무실에 혼자 있으면 마키타 교코(77세, 여) 씨가 번번이 찾아와 다른 이용자와의 고민을 말한다고 했습니다. 오랫동안 같은 말을 반복하는데 그걸 듣느라 제출 기한에 맞추지 못했다며 눈을 내리뜨고 말했습니다.

그러자 선배 직원이 조언했습니다.

"이야기가 길어질 것 같으면 할 일이 있으니 다음 기회에 얘기해 달라고 하면 돼. 난처할 때 나한테 얘기해."

며칠 후에 사무실 앞에서 마키타 씨가 하야시 씨에게 뭔지 빠른 어조로 말하는 걸 보았습니다. 한 시간이 지났는데도 두 사람은 그 자리에 있었습니다.

마키타 씨는 당시 여성으로서는 드물게 관리직으로 일했다고 합니다. 퇴직 후 병에 걸려 혼자 살기가 불안하니 시설에 들어왔습니다.

입소하고 나서 여러 번 여행도 가고 나름대로 생활을 즐겼으나 2, 3년 전부터 여행을 못 가게 되었습니다. 그 무렵부터 수도꼭지 잠그는 걸 잊어버려서 방에 물이 차거나 자꾸 남의 방으로 들어가 갈등을 일으키는 일이 많아졌습니다.

그 사실을 가족에게 알리자 병원 진료를 받으시라 해도 막무가내로 거부하니 오히려 시설 쪽에서 설득해 달라고 했습니다. 관리자가 마키타 씨에게 의향을 물으니 순식간에 표정이 바뀌더니 "나를 병자 취급하는 거야?" 하며 관리자의 팔을 세게 움켜잡았습니다. 그리고 옆에 있던 하야시 씨에게 소리 질렀습니다. "당신은 상관없으니 저리 비켜."

마키타 씨의 흥분이 가라앉고 거처하는 방으로 돌아가기를 기다렸다가 관리자가 하야시 씨에게 괜찮은지 안 무서웠는지 물었지만 하야시 씨는 얼굴을 붉히며 고개를 가로저었습니다.

이용자의 말 경청하기는 저희 업무 중 하나입니다. 공감하며 이야기를 듣지만 한 걸음 잘못 내디디면 이용자 감정인지 자기감 정인지 알 수 없게 되는 경우가 있습니다. 그리고 감정이입이 지나치면 이용자를 객관적으로 볼 수 없게 됩니다. 언제나 자신이 어떤 감정을 품었는지 스스로 깨닫고 알 필요가 있습니다.

하야시 씨는 마키타 씨의 감정에 휩쓸려 그분의 불안과 고통을 자기 것으로 여겼습니다. 그리고 마키타 씨 언행이 치매에서 왔을 가능성이 있다고 말해도 이해하지 못하는 것 같았습니다. 그러다 보니 싫어하는 병원 진료를 권하면 마키타 씨를 부정하는 일이 된다 싶어 적절한 도움을 줄 수 없게 되고 말았습니다.

감정노동 스트레스를 자각하다

돌봄 일은 감정노동이라고 합니다. 자기감정을 통제·조절하고 이용자 감정에 맞추기 때문입니다. 슬프지도 않은데 슬픈 척하거나 화가 나도 분노를 억누르는 경우가 있습니다. 그래서 과도한 스트레스를 받습니다.

감정노동에서 빚어진 스트레스를 받고 있음을 본인이 알아야 합니다. 직장 차원에서 스트레스 대책을 세워야 마땅하나 스트레스와 함께하는 방법을 자기 나름대로 갖는 것도 돌봄 일을 오래 계속하는 비결입니다.

저는 오히려 감정노동이기에 듣는 말 즉, 이용자나 가족이 해 주는 감사 인사를 생각하면 스트레스가 줄었습니다. 성실한 사람일수록 스트레스를 깨닫지 못하고 참다가 탈진하는 경우가 있습니다.

하야시 씨는 뭐가 뭔지 모르겠다며 퇴직했습니다. 마키타 씨는 알츠하이머형 치매 진단을 받았으나 자신의 변화를 인정하지 않고 스스로 퇴소했습니다.

생각해 보면 지금도 제 무력함에 마음이 아픕니다.

3

이용자 사이 관계 개입법

공격적인 태도에도 이유가 있다

"이즈미다 사부로(85세, 남) 씨를 돌볼 때 아가와 게이코(81세, 여) 씨가 일부러 큰 소리로 '뭐든지 직원한테 다 해 달라고 하다니 못난 사람!' 하세요. 이즈미다 씨가 가엾어서 제가 아가와 씨에게 그런 말씀 마시라 했어요."

돌봄 직원이 이런 보고를 했습니다.

아가와 씨가 직원에게 '건방지다'며 격노했다고 합니다. 그 다음부터 아가와 씨가 항상 불쾌한 표정이라 어떻게 대해야 좋을지 모르겠다고 직원이 한숨을 쉬었습니다.

아가와 씨가 왜 이즈미다 씨에게 마음 상할 말을 할까 직원에게 물었더니 잠시 침묵하다가 대답했습니다.

"어쩌면 아가와 씨가 외로워서 그랬을지도 몰라요. 저희가 여러 면에서 돌봄을 필요로 하는 사람을 우선시하다 보니 아가와 씨처럼 자립도가 높은 분은 뒷전이었을 수 있거든요. 게다가 언젠가 자기도 이즈미다 씨처럼 돌봄을 받아야 하는 날이 오지 않을까 하는 불안감도 있을 거예요. 그 외로움과 불안감 때문에 이즈미다 씨를 비난하는 발언을 한 거 아닐까요?"

아가와 씨는 치매에 걸렸지만 일상생활은 대부분 스스로 합니다. 가족이 멀리 있으니 혼자 살기 어려워 시설에 들어왔습니다. 반면에 이즈미다 씨는 치매가 상당히 진행되고 건망증도 심해서 생활 전반에 돌봄이 필요합니다.

제가 다시 그 직원에게 물었습니다.

"아가와 씨가 주의를 듣고 어떤 기분이 들었을까요?"

직원이 작은 목소리로 말했습니다.

"아가와 씨의 외로움이나 불안감을 알아차리지 못한 제가 주의를 주어도 받아들일 수 없는 건 당연할 거예요. 더구나 저처럼 나이도 어린 사람한테…."

앞으로 어떻게 해야 될지 이야기를 나누었습니다.

직원 스스로 내놓은 답은 외로움과 불안감이 누그러지도록 아가와 씨에게 '뭐든 불편한 게 있으면 언제라도 말씀해 주세요' 하고 다정하게 말 걸기였습니다. 그리고 이즈미다 씨에게는 아가와 씨 자리에서 보이지 않는 위치로 이동할 것을 제안하여 승낙해 주시면 자리를 바꾸기로 했습니다.

저희 직원은 약자라 생각되는 이즈미다 씨를 보호하려고 아가와 씨에게 주의를 주었는데 사실은 아가와 씨처럼 공격 성향을 보이는 사람일수록 겉으로 드러나지 않은 고민과 스트레스가 많습니다.

아가와 씨 마음을 다독여 주면 그 언행이 진정될 가능성이 높습니다. 그러면 두 분 관계도 개선됩니다.

그 후 아가와 씨가 이즈미다 씨에게 하던 공격적인 언행은 조금씩 줄고 이전보다는 기분도 좋아졌습니다.

이용자를 평가하면 안 돼

시설도 작은 사회입니다.

돌봄 등급, 생활 이력, 성격, 가치관 들이 모두 다른 이용자가 같은 곳에서 함께 시간을 보냅니다. 따라서 항상 원만한 인간관계가 유지되는 건 아니므로 직원은 이용자 사이에 개입하는 방법을 고민합니다.

저도 늘 조심하는 점인데 돌봄 종사자가 빠지기 쉬운 함정 중 하나가 이용자의 말과 행동을 직원 자신의 가치 기준에 따라 평가해 버리는 것입니다. 그러나 이용자를 평가하거나 심판하면 관계를 형성할 수 없습니다. 현재 모습 그대로 받아들이는 노력을 함으로써 신뢰 관계가 깊어집니다.

인생의 선배인 고령자는 지혜와 경험을 듬뿍 쌓아 두었습니다. 저희는 항상 이렇게 생각을 합니다.

'배울 점이 굉장히 많을 거야.'

4

치매환자의
욕구 찾기

시설 입소와 헬퍼 이용 거부

"사카타 스에코(86세, 여) 씨 집에 왔더니 쓰러져 있어서요. 지금 구급차 불렀는데….'"

민생위원이 당황한 목소리로 전화해서 보증인이 없으면 병원에서 받아주기 어렵다는 구급대원의 말을 전했습니다. 어쩔 수없이 제가 보증인을 하겠다고 해서 사카타 씨를 모시고 갈 병원이 정해졌습니다.

사카타 씨는 홀몸 어르신으로 친족이 없고 가벼운 치매가 있습니다. 민생위원이 대응하기 어려워 저희 시설로 상담하러 왔고 저희가 사카타 씨 댁을 방문했습니다. 현관 벨을 눌러도 대답이 없어서 집 안으로 들어갔더니 방바닥에 먹다 남은 도시락과 속옷들이 흩어져 있었습니다. 여러 번 사카타 씨 이름을 부르자 그때서야 뒷방 문을 열고 기어서 천천히 나왔습니다.

식사는 어떻게 하시느냐는 물음에 배식 도시락을 가리켰는데 목욕은 하는 것 같지 않았습니다. 이래서는 도저히 혼자 살 수 없겠다 싶어 시설 입소를 권하려고 민생위원과 의견을 나누었습니다.

사카타 씨에게 말씀드리자 "시설에 들어가다니 당치 않아. 내 집에 있을 거야"이 말을 여러 번 되풀이했습니다. 아무래도 시설에 입소하기 어려울 것 같아 헬퍼에게 집 청소와 장보기, 목욕 지원을 받는 게 어떠냐고 제안했더니 모르는 사람이 집에 오는 건 싫다고 이것도 거부했습니다. 할 수 없이 민생위원과 저희가 정기적으로 방문하여 상태를 보기로 하고 그날은 그냥 돌아왔습니다.

그 후에도 민생위원이 자주 방문한 덕분에 쓰러져 있는 사카타 씨를 발견했습니다. 사카타 씨는 무사히 입원했는데 여러 가지 검사를 한 결과 말기 악성종양이 발견되었습니다.

병문안을 갔을 때 사카타 씨는 병원에서 목욕도 하고 산뜻하게 바뀌어 있었습니다. 평소에 도시락만 드셔서 그런지 병원 음식도 마음에 들어 했습니다.

간단한 치료를 마치고 드디어 퇴원하게 되었습니다. 그런데 퇴원하기 싫다 했습니다. 그렇게 집에 있겠다고 고집하더니 이번에는 집에 돌아가기 싫다, 계속 병원에서 지내고 싶다 했습니다. 왜 마음이 바뀌었을까요?

뜻하지 않은 입원으로 시설의 쾌적함을 깨달아

제 머리에 디맨드demand와 니즈needs라는 낱말이 떠올랐습니다. '디맨드'는 이렇게 해주면 좋겠다는 이용자의 바람이고 '니즈'는 꼭 필요하고 만족시켜야 하는 것입니다.

사카타 씨는 치매로 판단력과 이해력이 떨어져 자신의 현상을 바르게 이해하지 못했습니다. 그러다 보니 자신의 현재 생활을 계속하는 것이 디맨드라서 다른 선택지를 생각할 수 없었던 모양입니다.

그러나 뜻하지 않게 입원을 하고 보니 따뜻한 밥과 청결한 환경, 주위에 누군가가 있어 안심인 병원 생활을 함으로써 자신의 니즈를 알게 되고 만족해하셨습니다.

저는 왜 좀 더 적극적으로 니즈를 끌어내는 지원을 하지 못했을까 성찰하다가 제 무능력을 실감했습니다.

예를 들어 '걷는 데 불편은 없으세요? 함께 병원에 갈까요?' 하고 필요한 관심을 보였다면 걷기 불편했던 사카타 씨는 진료를 받았을 것입니다. 시설을 소개하는 작은 책자를 보여주며 '견학만이라도 함께 가 보실래요?' 이렇게 권했더라면 견학은 안 가더라도 시설에 관한 부정 이미지를 떨어낼 기회가 되었을 수도 있습니다. 부끄럽게도 제가 한 지원이라고는 사카타 씨를 방문해 집 청소를 한 것뿐이었습니다.

　사카타 씨는 계속 입원하기를 바랐지만 어쩔 수 없이 퇴원했습니다. 그리고 돌아가실 때까지 잠깐이었지만 자택에서 지냈습니다.

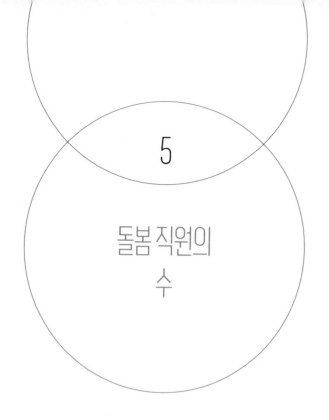

5

돌봄 직원의
수

이용자가 줄었는데 업무량이 줄지 않는 이유

대체 돌봄 직원이 몇 명 있어야 지장 없이 서비스를 제공할 수
있을까요?

물론 돌봄 서비스는 돌봄 직원을 비롯한 인원 기준이 법으로
정해져 있습니다. 그러나 같은 서비스를 제공해도 기준대로 인원
을 배치하여 운영하는 시설도 있고 기준보다 많은 직원을 배치한
곳도 있습니다.

흔히 이용자에 비해서 직원이 많을수록 극진한 돌봄을 받을
수 있다고 생각하기 쉽습니다. 그러나 직원이 많다고 반드시 좋

은 것만도 아닙니다.

이런 생각을 한 계기가 있습니다. 저희 시설에서 생긴 일인데 이용자가 감소했음에도 직원의 업무량에 변화가 없었습니다. 이용자가 줄고 직원이 줄지 않으면 당연히 업무에 여유가 생겨야 합니다. 그 시간을 평소에 할 수 없던 서류 정리나 연수 같은 일에 할애할 계획이었으나 시간을 융통할 수 없었습니다.

이상하다 싶어 직원에게 이유를 물어봤습니다. 이용자 수는 줄었지만 손이 많이 가는 중증 이용자가 늘어서 그렇다는 대답이었습니다. 그러나 돌봄 등급을 점검해 보니 중증이 그다지 증가한 건 아니었습니다.

그래서 하루 업무 흐름을 살펴보았습니다. 그 결과 정해 놓은 업무 순서와 내용을 변경 또는 추가한다는 사실을 알았습니다.

그중의 하나가 기록입니다. 저희는 기록에 걸리는 시간을 이용자 돌봄에 관계되는 시간으로 전환해서 사용하려고 일지 재검토를 여러 번 했습니다. 체크 표시만 하는 항목을 늘리고 기록은 꼭 필요할 때만 하도록 했습니다. 기록하는 시간을 줄이기 위해서입니다.

그런데 복약 항목을 보니 이용자가 약을 먹은 경우에 표시만 하면 되는데도 군이 '복약했습니다'를 적어 놓았습니다. 중복 처리기 때문에 이래서는 체크 항목으로 바꾼 의미가 없습니다.

서비스와는 상관없는 기록도 많아서 읽는 데 시간이 걸릴 뿐 아니라 중요한 정보를 못 보고 넘어가는 원인이 되기도 했습니다. 기록은 필요한 내용을 알기 쉽고 간략하게 쓰는 것이 원칙입니다. 이용자가 감소한 무렵부터 번잡한 작성법이 관례가 되어 기록 시간이 증가했습니다.

기록만이 아닙니다. 저희 그룹 홈에서는 이용자에게 직접 만든 음식을 드리고 싶은 생각에 돌봄 직원이 조리를 했습니다.

어느 날 돌봄 직원이 식사 준비가 부담된다고 했습니다. 파트타임 조리 직원을 채용했는데 왜 그러나 싶어 조리 순서를 확인했습니다. 음식에 사용하는 양념은 시중에서 파는 걸 사용하기로 했는데도 조리 직원이 양념을 하나하나 직접 다 만들고 그걸 돌봄 직원이 도왔습니다.

그동안 돌봄 직원 혼자서 하던 식사 준비를 조리 직원이 합세해 두 사람이 하는데도 품이 들고 시간이 걸리는 조리 방법으로 하다 보니 돌봄 직원의 부담이 줄지 않았습니다.

조리 직원이 없으면 이 방법으로는 식사 준비를 할 수 없게 됩니다. 그나마 조리 직원을 확보할 수 있으면 맛있는 식사로 이용자의 만족도가 올라가겠지만 일할 사람을 구하기 어려워 상시 채용이 가능하지는 않습니다.

업무 내용을 정기적으로 점검할 필요가

이와 같은 사례는 빙산의 일각입니다.

직원은 항상 열심히 일을 합니다. 그러나 그냥 내버려 두면 이용자와 돌봄 직원의 증감에 관계없이 일이 많아지는 경향이 있습니다. 따라서 관리자는 정기적으로 돌봄 업무를 점검하여 직원이 시달리거나 지치는 것을 방지할 필요가 있습니다.

이용자의 상태가 한 사람 한 사람 다를 뿐 아니라 직원의 역량에도 차이가 있어서 돌봄 업무는 양이나 시간을 객관적 수치로 나타내기 어렵습니다. 이는 돌봄의 질을 떨어뜨리지 않고 서비스를 제공하기 위한 적정 인원을 파악하기 어렵게 하는 요인이기도 합니다.

돌봄 직원 확보는 점점 어려워집니다. 업무 내용이나 절차에 무리한 요소나 불필요한 일은 없는지 항상 신경을 쓰고 직원이 자발적으로 돌봄의 질을 높이는 직장 분위기가 제대로 자리 잡히도록 노력해야 합니다.

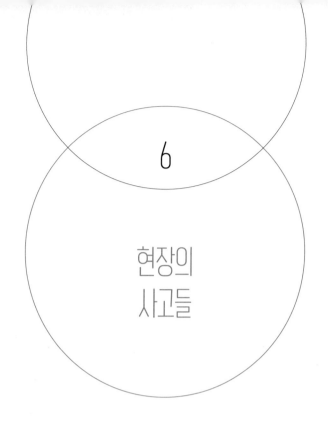

6

현장의
사고들

하마터면 보고서로 철저히 방지

—

"마당을 청소하러 갔는데 기가와 노리코(73세, 여) 씨가 화단 옆
에 쓰러져 계셨어요. 병원에 모시고 갔더니 오른쪽 넙다리뼈 윗
부분이 골절되었다고 해서 수술 받고 입원하셨어요."

직원의 보고 내용입니다.

기가와 씨는 가벼운 건망증이 있지만 의사소통은 양호합니다.
일상생활이 스스로 가능하며 골다공증은 없었습니다.

병원에 문병 가서 기가와 씨께 정원에서 뭘 했는지 여쭤보니
꽃을 보려다가 발이 꼬여서 넘어졌다고 합니다. 기가와 씨는 날

씨가 좋은 날은 마당에서 꽃 보기를 일과로 삼았습니다.

불행 중 다행으로 열심히 재활 훈련을 한 덕분에 입원 전과 같은 상태로 회복해서 퇴원했습니다.

저희는 기가와 씨의 넘어짐 사고와 관련하여 회의를 열었습니다. 마당 구조에 문제는 없었는지 넘어지게 할 만한 물건이 놓여 있지는 않았는지 여러 면에서 직원들과 함께 확인했습니다. 그러나 지금까지 마당에서 넘어진 사람도 없었고 이렇다 할 예방 방법도 찾지 못했습니다.

그리고 시설 안팎을 자유롭게 혼자서 다니며 지금까지 넘어진 적이 없는 기가와 씨의 사고는 미리 알 수도 방지할 수도 없는 사고라는 결론을 내렸습니다. 만일을 위해 직원이 마당을 자주 둘러보고 바닥에 화분이나 파인 곳은 없는지 따위를 확인하기로 했습니다.

저희 시설에는 돌봄 사고가 났을 때 쓰는 '사고 연락표'와 사고로 이어질 뻔했을 때에 쓰는 '하마터면 보고서'가 있습니다. 이 기록을 통해서 모든 직원이 정보를 공유하고 같은 일이 되풀이되지 않도록 합니다. 그러나 기가와 씨처럼 막지 못할 사고만 있는 건 아닙니다.

노무라 다이치(82세, 남) 씨 경우는 막을 수 있는 사고였습니다. 노무라 씨는 휠체어를 이용합니다. 어느 날 목욕할 때 직원이 샤워 의자에 앉아 있는 노무라 씨를 씻기는데 노무라 씨가 갑자기 상체를 뒤로 젖히는 바람에 샤워 의자에서 떨어져 바닥에 엉덩방아를 찧었습니다. 그때 직원이 혼자서 목욕 지원을 했습니다.

곧바로 가족에게 연락하고 진찰을 받았는데 다행히 골절은 아니었습니다. 그 후 가족에게 사고 경위를 설명하고 사과했습니다. 가족분이 "걱정을 끼쳐 죄송합니다. 마음에 두지 마세요" 하고 오히려 배려해 주셔서 할 말을 찾지 못했습니다.

노무라 씨 목욕 때의 돌봄 사고를 주제로 회의를 열었습니다. 그때 이전에도 샤워 의자에 앉아 있던 노무라 씨가 앞으로 고꾸라질 뻔했던 일이 있었기 때문에 어느 직원은 두 사람이 함께 목욕을 시킨다는 걸 알았습니다. 노무라 씨가 넘어질 뻔한 일과 목욕 지원 변경에 관한 정보를 일부 직원만 공유하고 있었습니다.

두 건의 사고는 분리해서 생각

사고 방지 방법으로서 앞으로는 사고로 이어질 뻔한 상황이 발생했을 때마다 '하마터면 보고서'를 쓸 것 그리고 지원 방법이 바뀐 경우에는 일지에 밑줄을 긋고 눈에 잘 띄게 써 넣은 후 말로도 전달하기로 했습니다.

종사자로서 돌봄 사고를 당한 이용자나 가족의 육체와 정신의 고통을 생각하면 가만히 있을 수 없습니다. 그러다 보니 돌봄 사고를 일으킨 직원이 고민하다가 퇴사하는 경우도 있습니다.

휴먼 에러[1]가 원인인 사고와 생활하면서 발생하는 피할 수 없

---

1 휴먼에러 human error : 사람의 판단이나 행동에서 발생하는 잘못

는 사고를 분리해서 생각해야 합니다. 이를 같은 것으로 생각하면 종사자는 막지 못하는 사고까지 막으려고 언제나 강한 긴장감 속에서 일하게 되고 그러다 보면 완전히 탈진해 버릴 수도 있습니다.

저희는 정기적으로 KYT[2]를 하고 막을 수 있는 사고 제로를 목표로 교육합니다. 그런데도 돌봄 사고가 일어났다면 성심성의껏 이용자와 가족이 이해할 수 있게 설명하고 진심으로 사죄해야 합니다.

---

2 KYT : 위험 상황을 미리 알아차리는 훈련으로 일본어의 위험 Kiken 예지 Yochi와 트레이닝 Training의 머리글자를 조합한 약어

7

살아갈힘
지키기

불친절하다 힐책해도 손 내밀지 않을 각오

———

어느 날 저녁 식사 때 있었던 일입니다.

"고야마 다카시(87세, 남) 씨가 넘어질 것 같으니 식사를 자리까지 좀 가져다주세요."

이용자 지이 마키(75세, 여) 씨가 식당에 있던 돌봄 직원에게 이렇게 말했습니다. 이 시설은 자기 일은 스스로 할 수 있는 사람이 입주하기 때문에 이용자가 식사를 테이블까지 가져갑니다. 그러나 돌봄 직원은 고야마 씨의 배식을 도와주었습니다. 다음날 직원은 저에게 이런 건의를 했습니다.

"고야마 씨 보행 상태를 생각하면 식사를 테이블에 가져다주는 게 좋지 않을까요?"

제가 시설장으로서 이렇게 조언했습니다.

"고야마 씨는 음식 운반용 손수레를 사용하면 안전하게 식사를 운반할 수 있다고 생각해요."

돌봄 직원이 즉시 고야마 씨에게 손수레 사용법을 설명드렸지만 아직은 자신이 가져갈 수 있다며 거절했습니다. 그래서 당사자의 생각을 존중했습니다. 저는 만일을 위해 손수레를 이용한 식사 운반 방법을 돌봄 직원과 함께 확인해 두었습니다.

며칠 후 고야마 씨가 비틀거리며 식사를 운반하는 중이었습니다. 그걸 본 지이 씨가 말했습니다.

"고야마 씨 식사를 왜 자리에 안 갖다 주는 거예요?"

"여러분이 할 수 있는 건 스스로 하시게 하고 싶어서요."

이렇게 설명하자 지이 씨가 "거참 불친절하네!" 하고는 식당을 나갔습니다.

그 일이 있고 저희는 배식 관련 회의를 했습니다. 결론은 보행이 불안정한 경우 우선은 손수레를 이용해 식사를 운반하도록 권하고 몸 상태가 나빠서 손수레 사용이 어려울 때 직원이 돕는다는 걸 이용자에게 알려 드리기로 했습니다. 또한 하루라도 더 이시설에서 생활하기 위해 자신이 할 수 있는 일은 해야 한다고 손수레를 사용하는 이유도 설명하기로 했습니다.

이야기를 듣다가 20년 전에 목욕 지원 방법을 논의했던 일이 떠올랐습니다. 어느 직원은 비록 이용자가 머리 감기나 옷 갈아

입기를 할 수 있다고 해도 도와주면 좋다고 했습니다. 이용자가 기뻐한다는 게 이유였습니다. 다른 직원은 '이용자가 할 수 있는 건 스스로 하게 해야 한다. 그렇지 않으면 결국 할 수 있던 일도 못 하게 된다'는 반대 의견을 냈습니다.

'해 주고 싶은 돌봄'이 아니라

당시 저희는 돌봄 일을 갓 시작한 터라 지식이나 경험이 없는 거나 마찬가지여서 기본적인 돌봄 방침을 모색 중이었습니다. 그래서 저희가 이용자에게 해 주고 싶은 돌봄을 제공했습니다.

그러나 이용자가 할 수 있는 일과 없는 일을 관찰해서 할 수 없는 부분만을 지원해야 합니다. 그렇지 않으면 고령 어르신이 살아갈 힘을 꺾는 셈이 되는 걸 다양한 분을 보며 깨달았습니다.

그런데도 저희는 이용자가 해달라는 요구 사항을, 이용자 자립에 도움이 될지 안 될지 깊이 생각하지 않고 저희가 해버리는 게 빠르다고 생각하는 경향이 있습니다. 이용자에게 자립 지원의 필요성을 설명해도 이해해 주지 않을뿐더러 관계가 나빠지는 걸 피하려고 요구에 응하기도 합니다.

저희가 어떻게 하느냐에 따라 이용자는 의존적이 되기도 하니 생활의 질에 영향을 미칠 수도 있습니다. 그 점을 이해하면 지원 방법이 달라집니다.

그 후 지이 씨가 이런 부탁을 한 일이 있었습니다.

"틀니 상태가 안 좋아서 그러니 식사를 방으로 좀 가져다줄래
요? 먹는 모습을 남에게 보이기 싫어서요."

그래서 직원이 이렇게 응답했습니다.

"식사를 직접 방으로 가져가기 어려우세요?"

"걸어갈 수 있으니 내가 가져올게요."

지이 씨가 어색하게 웃었습니다.

8

직원 편의
일처리
방식

고자질이 아니라 '나-전달법'으로

저희 시설에서는 시설장과 직원이 개별 면담을 1년에 최소 두 번은 합니다. 면담 내용은 돌봄에 관한 것부터 직장 내의 인간관계, 건강 상태에 이르기까지 다양합니다.

어느 면담 때의 일입니다.

"곤란하거나 고민스러운 일은 없으세요?"

돌봄 직원 다니 사키에(32세, 여) 씨에게 물었습니다.

"고자질하는 것 같아서 망설였는데요…."

말하기 어려운 듯 입을 뗐습니다.

"선배가 이용자 앞에서 후배를 자주 나무라요. 그걸 보는 이용자는 본인이 당한 것처럼 주눅 들고요."

다니 씨는 위축된 이용자를 생각해 시설장에게 선배 건을 상담했습니다. 만약 상담 내용이 선배에게 알려져 관계가 나빠질까 봐 두려워하면 이런 문제는 드러나지 않을 수 있습니다. 또한 이용자는 불쾌감을 떨치지 못한 채로 지낼 겁니다.

저는 꺼림칙함을 느끼지 않고 상담하는 방법으로 '나-전달법'이 있다는 걸 다니 씨에게 설명해 주었습니다. '나-전달법'이란 주어를 나로 말하는 것입니다. 선배의 문제점을 상사에게 전달하면 고자질로 여겨질 수 있으나 자기 문제로 말하면 상담하기 쉬워집니다. '나는 선배가 이용자 앞에서 후배를 나무라는 걸 보고 고민 중이에요' 이런 식으로 말하면 그건 자기 고민이 되기 때문입니다.

그 후 선배와 개별 면담할 때 물어봤습니다.

"후배를 지도할 때 어떤 점을 신경 쓰나요?"

그러자 눈도 깜빡이지 않고 말했습니다.

"여러 번 주의를 줘도 같은 걸 반복하는 직원에게는 잊어버리지 않도록 그 자리에서 주의를 줘요."

"이용자가 옆에 있을 때에는 어떤 배려를 하나요?"

거듭 물으니 이번에는 잠깐 생각하더니 대답했습니다.

"이용자 앞에서 직원에게 주의를 주는 건 삼가야 하는데 그런 배려는 부족했네요. 다음부터 주의할게요."

그래서 저도 아마 무심코 똑같은 실수를 할 거라고 말해 주었

사회복지법인 구레할렐루야회 각 사업소 2017년 후기 팀 목표

지역	서비스 명	내용	달성 여부
혼도리	케어 하우스	입주자의 잘못 삼킴 예방을 위해 주 1회 구강 체조 실시, 사후 평가에서 사전 평가보다 평균점이 감소한다.	O
	주간 보호 서비스	오후에 실시하는 천편일률적인 레크레이션을 개선하기 위하여 새로운 레크레이션을 3개월에 하나씩 고안하여 실시한다.	O
나가사코	그룹 홈	개인의 일상생활을 사진으로 찍어(가능한 분은 스스로) 사진첩에 끼워서 추억을 되새겨 보고 완성한 작품을 가족에게 보인다.	X
	소규모 다기능 홈	하반기에 크리스마스 모임 이외의 행사를 3회 계획하고 실시한다.	X
나카도리	서비스 포함된 아파트	치매 예방 카페를 좀 더 많은 분이 이용할 수 있게 알려서 평균 참가자 18명 이상으로 한다.	X
	헬퍼 스테이션	한 달에 한 번 모니터링할 때 확인한다. [방문 돌봄 계획서에 따라 서비스가 실시되고 있는지] [현재의 서비스 내용에 만족하는지] 이 두 가지 사항으로 개선 희망(0점) 보통(1점) 만족(2점)으로 하고 월평균 1.9 이상을 6회 달성한다.	X
	카페 식사 메뉴	치매 예방 카페에서 제공하는 메뉴를 매월 점심에 도입하고 효능을 설명한다.	X
	재가돌봄 지원사업소	본인·가족에게 전화나 방문 상담으로 의뢰받는 건수를 돌봄으로 환산한 것이 1개월에 61건 이상 되도록 하고 2회 이상 달성한다.	O
	그룹 홈	각 입주자가 하고 싶은 것을 10월에 조사 심사하여 결정하고 11월부터 계획하여 하나 이상 실행한다.	O
	개별 대응 주간 보호 서비스	이용자 전원이 참가(견학 포함)하여 작품을 제작하고 그 과정을 사진으로 찍어 가족에게 전달한다. 3월에 가족 대상 설문조사를 실시하고 '개별 면회 모습이 잘 전달되었다'가 90% 이상이 되게 한다.(1개월 동안은 준비 기간)	O

저자의 시설에서 실행 중인 팀 목표 설정

습니다.

돌봄 업무는 여러 직종이 협업하여 팀으로 진행합니다. 혼자서는 서비스를 제공할 수 없으므로 다른 직원과의 인간관계가 중요합니다. 관계가 나빠지면 일에 영향을 주기 때문에 이용자가 좀 힘들어해도 직원과의 관계를 우선시해 버릴 위험성이 있습니다. 그 때문에 저희는 각각의 사업소에서 6개월마다 '팀 목표'를 정하여 일을 합니다.

팀이 하나가 되어 이용자가 좋아할 돌봄 목표를 향해 협동하

며 매너리즘에 빠지지 말고 서로 절차탁마하기를 바랍니다. 좋은 팀은 해이해지지 않고 긴장의 끈을 놓지 않으며 서로 돕습니다. 그 결과 가장 높은 목표를 달성한 팀에게는 표창장과 포상금을 줍니다.

이와 같은 대처를 거듭함으로써 강고한 팀 빌딩team building— 구성원 각자가 능력을 발휘하며 목적 달성을 지향하는 조직—을 구축하는 노력을 합니다. 그것이 이용자 돌봄에 반영된다고 생각하기 때문입니다.

직원일 때는 괜찮은 직장
———

어느 날 다른 시설의 여직원이 찾아왔기에 팀 돌봄에 관한 상담을 해 준 적이 있습니다.

"저희 시설은 오래된 직원이 그만두지 않아서 이직률이 낮아요. 그런데 그만두지 않는 이유가 부적절한 돌봄을 해도 아무도 주의를 주지 않기 때문이에요. 상사도 그걸 알지만 직원이 그만두면 곤란하니까 묵인해요. 직원 처지에서는 괜찮은 직장인 거죠. 하지만 가엾은 이용자를 보면 이대로 있어도 되는지 가끔 고민해요."

이야기를 들은 저는 그런 직장을 떠나고 싶은지 물었습니다.

그녀는 당황하며 대답했습니다.

"아니요, 그만두고 싶지는 않아요. 저 또한 일하기 편하거든요."

돌보는 이의 스트레스를 줄이는 요령

돌봄 일은 감정노동이라고 합니다. 돌보는 이가 이용자 감정에 자기감정을 맞추는 상황이 많기 때문입니다.

예를 들어 저희는 이용자가 슬퍼하면 슬픈 척하고 즐거워하면 즐거운 척하며 기분을 맞춥니다. 즉 자기 자신은 슬프지도 즐겁지도 않은데 그런 감정을 일으킵니다. 그 때문에 감정에 부하가 걸려 스트레스가 큽니다.

그래서 돌보는 일에 종사하는 이뿐만 아니라 가족을 돌보는 이를 포함하여 넓은 의미에서 돌봄 인력의 스트레스를 줄이기 위한 요령을 이야기하려고 합니다.

1. 자기 사고방식의 성향과 습관 알기

지인을 식사에 초대했다가 거절당했을 때, 상대가 자기를 싫어할지도 모른다며 필요 이상으로 신경 쓰는 사람도 있고 선약이 있겠지 하며 신경 쓰지 않는 사람도 있습니다. 자기가 어떤 사고를 하는지 제삼자의 관점으로 봐야 합니다. 비관 시각으로 보는 사람은 그 습관을 바꿔 봅시다.

2. 몰두할 취미나 놀이 가지기

적어도 거기에 시간을 할애 할 때에는 스트레스에서 해방되기 때문입니다.

3. 혼자서 고민을 떠안지 말고 믿는 사람에게 상담하기

고민을 말로 표현하고 나면 스트레스가 가벼워집니다.

4. 자각이 없어도 심신에 나타나는 스트레스 살피기

스스로 스트레스가 없다고 생각해도 어깨 결림, 두통, 설사, 불면증, 조바심, 집중력 결여 따위로 나타나는 사람도 있습니다. 이런 증상이 나타나면 일을 천천히 하고 일부러 쉬면서 건강을 돌봐야 합니다.

5. 여느 때의 자신과 다름을 느끼면 서둘러 정신건강의학과 계통의 진료 받기

참고로 저는 스트레스에 둔감해서 몸으로 증상이 나타나는 경향이 있습니다. 그러다 보면 이용자와 직원에게 웃는 얼굴로 대하기 어렵습니다.

위에 열거한 요령 말고도 매일 아침 성경을 읽고 기도합니다. 마음이 차분하고 평안해집니다. 이어서 시간이 있으면 편안한 자세로 눈을 감고 천천히 복식호흡을 반복합니다. 깊은 호흡을 함으로써 자율신경이 안정되어 긴장이 풀립니다.

고통스럽고 슬픈 일뿐만 아니라 결혼이나 승진 같은 기쁜 일도 스트레스의 원인이 됩니다. 사람에게는 변화 자체가 스트레스입니다.

스트레스의 나쁜 점만을 썼는데 제가 생각하는 최대의 스트레스는 스트레스가 전혀 없는 상태입니다.

누구든지 살아 있는 한 스트레스에서 벗어날 수 없습니다. 스트레스를 어떻게 받아들이고 극복하는지에 따라 사람이 달라지지 않을까요. 그래서 저는 '스트레스는 나를 성장케 하는 친구'라 생각하고 함께하려 합니다.

제5장

사회 속
돌봄

제5장에서는 고령화 사회에서 나타나는 사회문제를 다루었습니다.

돌봄은 정치 · 경제와 밀접하므로 분리해서 생각하기 어렵습니다. 일본에서는 2000년도에 노인장기요양보험 제도가 창설되어 가족이 주체이던 돌봄을 사회 전체가 지원하는 구조가 생겼습니다. 당시 저희는 노인장기요양보험 제도를 널리 알려 이용하도록 하기 위해 행정기관에서 의뢰받아 보급 활동에 힘썼습니다. 그 결과 이용자가 늘고 노인장기요양보험 급여 청구비도 계속 증가하자 정부는 국가 재정 압박을 이유로 2012년에 법을 개정하고 '지역 포괄 케어 시스템' 구축을 추진했습니다. 지역 포괄 케어 시스템이란 고령자가 오래 살아 정든 곳에서 마지막까지 살 수 있도록 모든 서비스를 제공하는 것입니다.

그리고 돌봄 서비스만으로는 모두 지원할 수 없는 지역 고령자의 다양한 과제를 자조, 상조, 공조[1], 공조[2]를 통해 해결하도록 노력합니다.

그러나 저출생 고령화의 영향으로 지역사회는 계속 붕괴되어 갑니다. 게다가 홀몸 치매 고령자 증가, 좀처럼 이루어지지 않는 의료와 돌봄의 협업, 이런 장애물이 지역 포괄 케어 시스템 추진을 방해합니다. 그러한 현상을 알려드리고 어떻게 하면 치매에 걸려도 안심하고 사는 지역 만들기가 가능할지 의견을 제시하고자 합니다.

---

1 공조共助 : 여러 사람이 함께 도와주거나 서로 도움
2 공조公助 : 개인이나 지역사회가 해결할 수 없는 문제를 국가나 지방자치단체가 지원하는 것

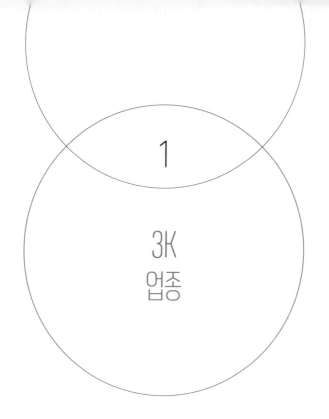

노인장기요양보험 개정의 영향

돌보는 일을 3K[1]라 부르기 시작한 것은 언제부터였을까요.

12, 3년 전까지만 해도 직장 설명회를 개최하면 학생들이 줄지어 참가했습니다. 당시 '복지로서의 돌봄' 일은 장래성 있는 안정된 직업으로 여겨져 인력 확보에 오늘날과 같은 어려움은 없었습니다.

특히 노인장기요양보험 제도가 도입되기 전에 설립된 사회복

---

1 3K : 힘들다kitsui 더럽다kitanai 급여가 적다kyuryouga hikui는 일본어 발음 영문 표기 머리글자

지법인은 지방공무원 급여 규정에 따랐기 때문에 다른 산업과 비교해 급여가 낮다는 평가는 없었다고 기억합니다.

돌이켜보니 돌보는 일의 부정 이미지가 확산된 것은 2006년 노인장기요양보험법 개정으로 '지역 밀착형 서비스'가 창설된 다음부터입니다.

지역 밀착형 서비스란 치매환자나 돌봄이 필요한 사람이 친숙한 지역에서 계속 생활할 수 있도록 각 지자체에 있는 가까운 지정 사업소가 지역 주민에게 제공하는 서비스입니다. 이 서비스에서 비롯된 그룹 홈과 소규모 다기능형 재가 돌봄 사업소는 시설 규모가 작으므로 빈 집을 활용할 수 있어 자금이 적어도 개설할 수 있습니다.

그동안 대규모 시설에서 시행하던 돌봄 상태에 만족하지 못했던 사람들이 뜻을 모아 이용자의 요구에 맞춤형으로 부응하는 돌봄을 목표로 창업했습니다. 물론 그와 같은 이상만으로 창업한 것은 아니라고 생각합니다.

하지만 2013년에 일어난 나가사키에 있는 그룹 홈 화재를 계기로 스프링클러 설치 기준이 강화되고 야간 근무자 배치 기준이 까다로워졌습니다. 또한 2012년 법 개정으로 노인장기요양보험 수가를 삭감해 소규모 사업소의 경영을 압박했습니다. 소규모 사업소 개설을 후원한 곳이 후생노동성이었는데 방침을 바꾸었습니다.

당연한 일이지만 고령자가 계속 증가하니 그 지원 대책으로 지역 밀착형 서비스뿐만 아니라 유료 노인 홈도 새로 열고 돌봄 인력을 뽑는 일도 크게 늘었습니다. 그러나 소규모 사업자는 경영이 힘들어 저임금에 복리후생과 연수 제도도 갖추지 못하고 일손 부족 상태에서 헤어나지 못했습니다. 그러다 보니 소규모 사업장에서는 그만두는 사람이 더욱 많아졌습니다.

더욱이 대중 매체들은 돌봄 노동을 3K 업종이라며 소규모 사업소의 실태에 초점을 맞춘 보도를 추격하듯이 이어 갔습니다. 그리하여 돌봄 인력이 빠른 속도로 이탈했습니다.

그런데 정말로 복지로서의 돌봄 일은 3K 업종일까요?

2016년도 돌봄노동안정센터 조사 결과를 보면 정규직 돌봄 종사자 이직률은 16.7%로 전체 산업 평균인 15%와 비교해 현저히 높다고는 할 수 없습니다. 그만두는 이유도 '직장 내 인간관계'가 1위고 '힘들다, 더럽다'와 같은 '일의 내용' 불만이 상위에 들지는 않습니다. '수입이 적다'는 5위였습니다.

사회복지법인 퇴사율은 평균보다 낮다

———

법인별 퇴사율은 사회복지법인과 의료법인이 각각 12.9%, 민간 기업이 19.7%였습니다. 사회복지법인은 전 산업 평균인 15%보다도 낮습니다. 사업소 규모로는 100인 이상 대규모 사업소는 11.5%이나 19명 이하 소규모 사업소는 18.9%로 퇴사율이 높게 나타났습니다. 사업소 규모가 영향을 미치는 건 명확합니다.

퇴사자 중 61.9%가 3년 이내에 그만두었습니다. 돌봄 분야라면 일할 수 있겠다 생각했는데 실제로 해 보고 이상과 현실의 차이를 느껴 조기 퇴직하는 상황이 나타납니다.

돌봄 업무는 사람을 상대하여 돕는 일이므로 이용자의 신체와 마음의 변화를 알아채는 능력, 신뢰 관계를 구축하기 위한 소통 능력 그리고 협동 작업을 하기 위한 협조성이 요구됩니다. 그런 만큼 힘든 점이 있지만 감동, 감사, 보람을 얻는 일이기도 합니다.

고령 어르신을 좋아해서 돌보는 일에 긍지를 갖고 일하는 동료가 제 주위에는 많습니다. 돌보는 일이 적성에 맞는 사람이 다른 이에게 도움을 주고 싶다는 생각으로 이 일에 종사하여 전문직으로서 사회에서 인정받아 공헌하다 보면 앞으로 돌봄 일을 하려는 인력이 늘 것으로 생각합니다.

그러기 위해서는 저희도 근거에 기초한 돌봄 지식과 기술을 갖춰야 하고, 이와 동시에 전문직에 걸맞은 지원과 대우가 필요하다고 생각합니다.

2

복약과
재택 돌봄

돌봄과 의료의 협업이 필요

치매에 걸린 사람이 친숙한 지역을 떠나지 않고 혼자 살아가려면 해결해야 할 여러 가지 문제가 있습니다.

이쿠타 다카지(81세, 남) 씨에게는 약 먹는 게 문제였습니다. 이분은 가벼운 치매가 있지만 주간 보호 서비스와 헬퍼를 이용하며 계속 혼자 살았습니다.

케어 매니저가 댁을 방문했을 때 방에서 잊어버리고 안 먹은 약들을 발견했습니다. 그 무렵 이쿠타 씨는 주간 보호 서비스 이용 날짜를 착각하기도 하고 건망증이 심해진 상태였습니다.

케어 매니저는 아침 점심 저녁으로 제각각인 약들을 이쿠타 씨가 스스로 찾아 먹기는 어렵겠다 싶어 각 끼니 때 먹는 약을 끼니별로 한 봉투에 담아 보라고 했습니다.

약 관리를 할 수 없게 되었다 해서 바로 약사에게 복약 관리를 의뢰하면 이쿠타 씨 능력과 자존심에 손상을 입을 우려가 있습니다. 그래서 우선 케어 매니저는 약을 한 봉투에 넣게 하고 상황을 지켜봤는데 그런 방법으로는 약을 먹지 못한다는 사실을 알았습니다.

약사가 복약 관리를 해 주면 어떻겠냐고 이쿠타 씨에게 제안했습니다. 처음에는 혼자 먹을 수 있다고 하다가 케어 매니저에게 먹지 않은 약들을 들키고 나서야 약사가 방문하는 걸 허락했습니다. 이어서 떨어져 사는 가족에게 이쿠타 씨가 약을 먹도록 돌봄 계획을 바꾸고 싶다는 뜻을 전달하고 가족들에게도 약을 먹었는지 확인 전화를 하시라 부탁했습니다.

의사에게는 이쿠타 씨 상황을 설명하고 꼭 필요한 약만으로 줄일 수 있는지 상담했습니다. 그 결과 아침 식사 후에 한 번만 먹기로 했습니다.

약사는 기간을 정하여 방문하며 복약 달력[2]에 한 봉투로 만들어 날짜를 적은 약을 넣어 반드시 먹을 수 있게 지원했습니다.

약을 아침에만 먹으면 되니 케어 매니저는 아침 식사 후 헬퍼가 생활을 지원하러 오면 그때 약을 먹으라고 말해 주도록 돌봄

---

2 복약 달력 : 벽에 거는 달력에 주머니가 달려 있고 요일별로 아침, 점심, 저녁, 자기 전으로 약 먹는 시간이 적혀 있음

계획을 변경했습니다. 헬퍼가 오지 않는 날은 주간 보호 서비스를 이용할 때 복약 여부를 확인하도록 했습니다.

복약 달력 안에 든 약을 매일 아침 차례로 먹으면 되기 때문에 먹는 걸 잊어버리거나 잘못 먹는 일이 줄었습니다. 재택 치매환자에게 약 먹는 일은 피해 갈 수 없는 문제입니다.

그러나 2018년 제도 개정에서는 이용자 자립 지원, 중증화 방지, 지역 자원의 효과적 활용을 이유로 케어 매니저가 재가 서비스 계획 중에 일정 횟수 이상 방문 돌봄(생활 원조 중심형)을 결정한 경우에는 보험회사에 신고를 하게 했습니다.

이러한 일은 노인장기요양보험의 부적절한 서비스 이용을 억제해 사회보장비를 줄일 수 있기 때문에 이견은 없지만, 만약 진정으로 사회보장비 낭비를 바로잡고자 한다면 의료와 돌봄이 협업을 해야 합니다.

약 하나만으로도 여러 가지 문제점이 보였습니다. 치매 고령자 자택에서 먹지 않은 약을 발견한 적이 여러 번 있습니다. 약이 종이 상자에 한가득할 때도 있습니다. 아무리 치료에 필요한 약이라도 먹지 않으면 의미가 없습니다.

먹지 못하는 이용자는 케어 매니저가 의사나 약사에게 복약 횟수, 수량, 형태를 상담하여 협업하면 치료와 절세로 이어집니다.

의료와 돌봄 사이의 벽이 없어지고 정보 공유가 자연스럽게 진행된다면 불필요한 비용이 드러날 테니 사회보장비를 더욱 줄일 수 있지 않겠습니까?

그러한 낭비를 재정비하여 이쿠타 씨처럼 현재 제공받는 서비스 양으로 생활이 달라질 수 있는 이용자가 꼭 필요한 서비스마저 못 받게 되는 일이 없도록 저희가 끊임없이 작은 목소리라도 내겠습니다.

3

시설의
임종 돌봄

마지막을 향하는 과정 전부가 임종 돌봄

———

베이비붐 세대[3]가 75세 이상이 되는 2025년에는 연간 160만 명이 죽는 다사사회[4]가 된다고 합니다. 임종 돌봄 장소 확보가 갈수록 심각한 문제이며 돌봄 시설이 그 역할을 해 줄 것으로 기대하는 사회 분위기입니다.

저희 그룹 홈에서도 입주자가 고령이 되고 치매도 심해지다

———

3 베이비붐 세대 : 일본에서 '단카이 세대'라고도 하는 제1차 베이비붐 세대. 제2차 세계대전 직후인 1947년~1949년에 태어나 문화와 사상 면에서 공통된 전후 세대 약 806만 명을 지칭 *한국의 베이비붐 세대는 한국전쟁 후인 1955년~1964년에 태어난 연령대 약 900만 명을 이름
4 다사사회 : 노인 증가로 사망자 수가 급격히 늘어 인구가 점차 감소하는 사회 형태

보니, 입주자도 그렇지만 이 시설에서 임종을 맞기 바라는 가족들의 목소리가 높아지게 되었습니다.

그 뜻에 따르려고 약 4년 전부터 임종 돌봄을 검토하기 시작했습니다.

당시에는 관리자나 직원도 의사나 간호사가 상주하지 않는 시설에서 임종 돌봄을 하는 데에 불안감과 거부감이 컸습니다.

우선 강연회나 연수회에 참가하여 배워 보기로 했습니다. 그 과정에서 임종 돌봄이란 보편타당한 의학 지식과 견해를 바탕으로, 의사가 회복 가능성이 없다고 진단한 입주자의 몸과 마음의 고통을 덜어주고 인생의 마지막 순간까지 존엄이 지켜지는 생활을 하도록 지원하는 일임을 알았습니다. 임종 돌봄을 '죽음의 순간만을 지켜보는 행위'라 오해했음을 깨달았습니다. 그전까지는 생활의 연장선 위에 있는 죽음 과정을 지원하는 자연스러운 일이라는 사실을 이해하지 못했습니다.

돌이켜보니 노쇠하여 식사를 할 수 없는 입주자에게 어떻게든 먹게 하려고 재료를 잘게 다져서 만들고 그 음식을 못 먹으면 유동식으로 만들어서라도 먹게 하려고 애썼습니다. 스스로 삼키기 어려워지면 돌봄 시설에서는 한계가 있으니 병원으로 넘기는 건 어쩔 수 없다고 생각했습니다.

옛날에는 노쇠한 가족을 집에서 돌봤습니다. 그런 생각을 하니 병원이 아닌 시설에서 돌보는 일에 자신이 생겼습니다. 저희는 임종 돌봄에 관한 지침과 매뉴얼을 작성해 의사, 간호사, 케어 매니저, 영양사, 간병사 들의 역할과 협업 방법을 확인했습니다. 협력 병원 의사가 기간을 정해 시설을 방문 진료하는 상태였으므로 24시간 협업이 유지되어 임종 돌봄 체제는 충분히 갖추었습니다.

자연의 섭리를 받아들이고 밀착 돌봄

마치 기다리기라도 한 것처럼 오카다 아코(91세, 여) 씨가 쇠약해서 식사를 제대로 못 한다고 돌봄 직원이 보고했습니다.

가족들도 그러한 변화를 알고 마지막은 이 시설에서 임종 돌봄을 해 주면 좋겠다고 했습니다. 본인과 가족에게 상태가 갑자기 바뀔 때와 종말기 의료를 어떻게 할지 의사를 타진했습니다. 가족들은 연명치료는 바라지 않았습니다. 음식을 삼킬 수 없게 되어도 수액을 놓지 않고 자연에 순응하겠다고 했습니다.

오카다 씨는 점점 음식을 삼킬 수 없게 되고 자는 시간도 길어지고 말수도 줄었습니다. 그러한 오카다 씨의 변화를 보고 임종기에 들어갔다고 생각했습니다.

관리자는 가족과 함께 의사의 소견을 들었습니다. 의사는 회복 가능성이 없다고 진단했지만 저희는 임종 돌봄의 주체가 가족이므로 종말기 의견이 도중에 바뀌어도 됨을 알리고 다시 한번 결정 사항을 확인했습니다.

또한 식사로 미음을 주는데 무리하게 먹이지는 않고 과즙젤리나 과일을 주스기에 갈아 좋아하는 것을 드시게 했습니다.

케어 매니저는 임종 돌봄 계획서에 가족들의 동의를 받고 같이 있기를 바라면 오카다 씨 방에 머물 수 있도록 여건을 마련했습니다.

간호사는 의사와 상의하여 환자가 고통을 느끼면 손발 마사지를 하고 가능한 범위 안에서 목욕을 시키거나 따뜻한 물수건으로 깨끗이 닦아 주었습니다. 또한 3시간마다 혈압, 맥박, 체온, 호흡 등 활력징후를 체크했습니다.

마침내 그날이 왔습니다. 돌봄 직원이 방에 갔더니 혈압과 동맥혈 산소포화도가 떨어져 에러가 계속됐습니다. 즉시 의사에게 연락했지만 잠시 후 오카다 씨는 숨을 깊이 들이쉬고는 돌아가셨습니다. 다행스럽게도 가족들이 곁에 있어서 함께 임종을 지킬 수 있었습니다.

2016년에 처음으로 임종 돌봄을 시작하여 지금까지 다섯 명의 임종을 지원했습니다. 저는 그 중 네 명의 입주자와 마지막 이별을 할 수 있었습니다. 모두 고통 없고 평온한 죽음이었습니다.

죽음을 향한 자연의 섭리를 받아들이고 공감한 가족과 저희는 말로 다 표현할 수 없는 숙연한 마음으로 가득했습니다.

4

홀몸
치매 고령자

소규모 다기능형 재가 돌봄은 유연한 대응이 가능

"치매에 걸린 숙모님 일로 상담하고 싶은데요."

저희 시설 상담 센터에 오신 분은 무카이야마 마쓰코(78세, 여) 씨의 먼 곳에 사는 친척이었습니다.

무카이야마 씨는 혼자 사는데 최근에 있었던 일은 기억을 못 해도 대화는 가능합니다. 식사는 근처 슈퍼에서 도시락을 사서 드시는 걸로 보아 생활하는 데 곤란한 점은 없어 보였습니다.

그러나 길고양이에게 먹이를 주기 때문에 집에는 고양이가 가득했습니다. 보다 못해 주위 사람이 멀리 사는 친척에게 연락해 상담 센터에 왔습니다. 즉시 노인장기요양보험을 신청하자 돌봄이 필요한 1등급으로 인정되어 저희가 담당하는 재가 돌봄 지원 사업소의 케어 매니저가 선정되었습니다.

주간 보호 서비스를 이용하고 혼자서는 어려울 테니 목욕과 약 먹기를 도와드리면 어떻겠느냐고 케어 매니저가 당사자와 친척에게 제안했습니다.

하지만 아무리 설명해도 무카이야마 씨는 목욕은 집에서 하고 약은 먹을 필요 없다며 돌봄 서비스를 거부해 시설 이용으로 이어지지는 않았습니다. 안 되겠다 싶어 케어 매니저가 '소규모 다기능형 재가 돌봄' 이용을 다시 제안했습니다.

소규모 다기능형 재가 돌봄은 이용자나 가족의 필요에 따라 집에서 주간 보호 서비스(통원), 단기 입소(숙박), 헬퍼(방문) 서비스를 조합하여 받습니다. 이용자 처지에서 보면 통원, 숙박, 방문 서비스를 하나의 사업소에서 친숙한 직원이 제공해 주므로 안심이 됩니다.

소규모 다기능형 재가 돌봄 사업소의 케어 매니저는 무카이야마 씨가 치매라서 여러 번 만나도 그때마다 초면이 되니 우선은 얼굴을 익히기 위해 안부 확인차 날마다 방문하겠다고 했습니다. 뜻밖에도 그걸 별다른 거부감 없이 허락했습니다.

무카이야마 씨가 예정된 시간에 집에 없으면 다른 시간에 방문했습니다. 이용 정원이 29명 이하로 소규모 시설이기 때문에 이와 같이 유연하게 대응할 수 있습니다.

날마다 방문하여 무카이야마 씨와 친해지고 단기 입소 시설이나 사업소를 오가다 보면 주간 보호 서비스 이용으로 이어질 가능성이 있습니다. 그렇게 되면 혼자 살며 닫혔던 생활이 다른 사람의 지원을 받아 매우 달라집니다.

마음을 열자마자

처음에는 문 앞에서 하는 안부 확인도 본인이 집에 없는 경우가 많아 여러 번 방문해야 가능했지만 익숙해지니 무카이야마 씨의 생활 패턴을 알게 되었습니다. 그래서 집에 있는 시간을 가늠하여 복약 지원도 했습니다.

직원이 병원에 따라가는 것도 싫어하지 않게 되고 점점 마음을 열어주어 결국에는 저희 시설을 이용하게 되었습니다. 그러나 기쁨도 잠시 무카이야마 씨가 젊은 남성에게 현금카드를 주어 계좌에서 돈이 인출된 것이 밝혀졌습니다. 남성은 무카이야마 씨 집에 거리낌 없이 드나들었다고 합니다.

최근에 무카이야마 씨처럼 가족이 멀리 있고 혼자 사는 치매 고령자가 점점 늘어 쓰레기 집, 화재 소동, 행방불명 등 여러 문제가 발생합니다.

국가가 그런 치매 고령자를 지역에서 지원하기 위해 지역 포괄 케어 시스템 구축에 힘쓴다고 하지만 대부분 그런 지역에는 고령자가 너무 많아 치매 고령자를 모두 지원해 주지는 못하는 실정입니다.

저희는 치매를 앓는 무카이야마 씨가 지역에서 안심하고 살 수 있도록 시간을 들여 신뢰를 쌓아 왔다고 생각했습니다. 그런데 저희 말고도 그분 마음에 들어온 사람이 있었다는 건 미처 알지 못했습니다.

5

재해 약자인
고령자

홍수재해 이웃의 도움

———

2018년 7월 7일 토요일 이른 아침, 휴대전화 소리에 놀라 잠이 깼습니다.

직원에게서 온 전화였습니다.

"시설장님, 밖에 보셨어요? 도로가 강 같아요."

흥분한 목소리가 전화기를 통해 들려왔습니다. 서둘러 창문을 열어 보니 폭우였습니다.

저희 동네는 그날부터 육지에 떠 있는 외딴섬이 되었습니다. 홍수 때문에 도로가 통행 금지되어 출근할 수 없는 직원이 속출

했습니다. 또한 이웃 마을에서도 단수된 지역이 있다는 연락이 왔습니다. 출근 가능한 직원에게 비상근무를 부탁하고 시설 입주자에게는 평상시와 같이 생활하기를 당부했습니다.

문제는 지역에서 혼자 사는 고령자였습니다.

걱정되는 이용자에게는 전날 미리 케어 매니저가 전화를 해 폭우가 내릴 우려가 있다는 말을 전달하며 조심하시라 했습니다. 그리고 직원들이 분담하여 집에 있는 고령자에게 계속해서 안부 확인 전화를 했습니다. 혹시 대피소에 가지 못해 자택에 남은 사람이 있으면 바로 대응할 필요가 있고 물과 식료품이 없어 곤란한 사람이 있으면 전해 주어야 합니다.

가장 걱정했던 홀몸 치매 고령자에게는 이웃사람들이 신경 써서 물과 음식을 갖다 주었습니다. 또한 헬퍼와 케어 매니저는 급수차까지 갈 수 없는 고령자 댁에 물을 날라다 주었습니다. 그렇게 서로 돕고 힘이 되어 주는 모습에 감동했습니다.

구레시는 예전부터 해군 마을이어서 인구에 비해 종합병원이 많고 사회 기반 시설도 잘 갖추어져 있습니다. 그래서 재해에 강하다고 제 마음대로 믿었습니다. 설마 토사 재해로 시내와 연결된 철도와 주요 도로가 차단되리라고는 꿈에도 생각지 못했습니다.

언제 단수가 되어도 문제없도록 물을 저장해 놓기는 했지만 그동안의 경험으로 봐서 단수는 금방 해제될 거라 생각했습니다. 그런데 며칠이 지나도 단수는 해제되지 않고 물류가 끊겨 점점 물자 유입이 힘들어졌습니다.

그런 와중에 많은 고령자가 단수로 목욕을 못 한다는 생각이 들었습니다. 저희 시설은 단수가 되지 않았으므로 곤란을 겪는 사람을 위해 시설을 개방하여 목욕 지원을 하는 게 어떤지 직원들에게 의향을 물었더니 흔쾌히 찬성해 주었습니다. 재빨리 행정기관과 지역 포괄 지원 센터, 재가 돌봄 지원 사업소에 연락하여 단수로 목욕할 수 없는 고령자와 그의 가족을 오시라 하니 대단히 기뻐했습니다.

또한 구레 지구 복지시설 구원 물자 거점과 교회 자원 활동 센터의 사무국이 되어 저희 몫의 지원을 하기로 했습니다.

해외와 전국 각지에서 달려와 준 자원 활동가는 피해 지역에 부담이 되지 않도록 침낭과 식료품을 가지고 왔는데 교회에 머물 예정이었습니다. 그런데 교회만으로는 모자라서 저희 시설을 숙소로 개방했습니다.

불볕더위 아래서 진행되는 혹독한 작업에 불평도 하지 않고 찬송가를 부르며 토사를 치우는 해외 자원 활동가의 모습에 재해를 입은 사람뿐만 아니라 저희도 용기를 얻었습니다.

행정기관·주민·복지시설이 협력하여 피해를 최소한으로

불행 중 다행으로 저희 시설 주변 고령자의 인명은 지킬 수 있었는데 피해를 입은 사람의 70% 이상이 60세 이상이라는 말을 듣고 마음이 아팠습니다.

특히 홀몸 고령자는 재해 정보를 접하기 어려워 피해가 컸을 듯합니다. 그리고 대피하려 해도 혼자 힘으로는 어려운 사람, 대피 시기를 판단할 수 없는 사람도 많습니다.

재해 시에는 빠른 대피가 가장 중요합니다. 행정기관과 지역 주민 그리고 저희 복지시설이 협력하면 위험한 곳에 사는 홀몸 고령자 정보를 파악할 수 있습니다.

'대피 준비, 고령자 대피 시작' 이렇게 대피 명령이 났을 때에는 위험부담이 높은 사람에게 미리 정해 둔 담당자가 알려 주어 대피 가능한 구조를 만듦으로써 희생자를 최소화할 수 있습니다.

복지시설이 수용시설 역할을 해 주면 재해로 눈물짓는 이재민을 조금이라도 줄일 텐데 하며 혼자서 괴로워했습니다.

일본 정부가 추진하는 지역 포괄 케어 시스템으로 홀몸 치매 고령자는 친숙한 지역에서 계속 살 수 있게 되었습니다. 그렇기에 재해가 있어도 안심하고 사는 지역 만들기가 긴급한 과제입니다. 더 이상 고령자를 재해 약자로 만들지 않기 위해서도.

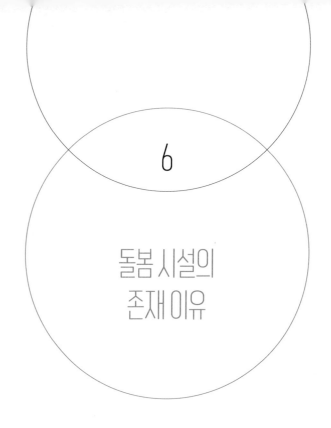

6

돌봄 시설의
존재 이유

담배 피운 흔적 발견

오카바야시 유스케(78세, 남) 씨는 연립주택에서 혼자 삽니다. 케어 매니저가 방문했을 때 영양실조와 탈수로 방에 쓰러져 있었습니다.

혼자 살면 안 되겠다고 판단한 케어 매니저가 오카바야시 씨에게 케어 하우스 입주를 권유했습니다. 케어 하우스는 스스로 일상생활이 가능한 60세 이상을 대상으로 하는 시설입니다. 식사와 개인 방을 제공하고 방에는 긴급 통보 장치가 설치되어 있으며 24시간 직원이 상주하니 안심입니다. 일정한 규칙은 있지만 외박과 외출도 가능합니다. 이용료도 소득에 따라 지자체에서 보조해 주므로 연금 액수가 적은 오카바야시 씨에게는 안성맞춤인 시설이었습니다.

그러나 시설에 들어가려면 신원보증인이 필요합니다. 오카바야시 씨는 결혼을 하지 않아 자녀가 없는 데다가 형제도 없습니다. 케어 매니저는 먼 친척에게 부탁하여 신원보증을 받았습니다. 그리고 면접을 받아야 했습니다. 치매가 있으면 입주할 수 없어서 케어 매니저는 가벼운 건망증이 있는 오카바야시 씨가 입주 판정을 받을 수 있을지 걱정했습니다.

면접 때 오카바야시 씨는 야위고 눈에 힘이 없으며 수염이 덥수룩했습니다. 뭘 물어도 작은 목소리로 웅얼웅얼했는데 어떻든 묻는 말에 대답은 할 수 있었기에 다행히 입주했습니다.

입주하고 나서 오카바야시 씨는 삼시 세끼 영영사가 관리하는 식사를 하고 규칙적인 생활을 한 덕분인지 혈색이 좋아졌습니다. 시설에 있는 목욕탕에서 목욕을 하고 수염도 깎고 이발도 해서 몰라보게 달라졌습니다.

처음에는 식사 시간 말고는 줄곧 방에만 있었으나 시설 생활에 익숙해져 외출도 했습니다. 외출할 수 있을 정도로 건강해져 케어 매니저와 저희는 안심했는데 어느 날 직원이 방에 갔다가 담배꽁초를 발견했습니다.

놀란 직원이 방에서 담배를 피우셨느냐고 물으니 "응" 하며 당당하게 고개를 끄덕였습니다. 직원은 정해진 흡연 장소에서 피워 달라고 부탁했습니다.

며칠 후 저녁 식사 시간이 지났는데도 오카바야시 씨는 시설에 돌아오지 않았습니다. 걱정이 된 직원은 이전에 단골로 다니던 식당이 있다던 말이 떠올라 찾으러 가니 그곳에 계셨습니다.

시간이 늦었으니 이제 그만 가시자며 알은체하니 식당 주인이 이 사람은 옛날 단골손님인데 언제나 웬만해서는 돌아가지 않아 곤란했다며 미간을 찌푸렸습니다. 직원이 대신 사과하고 오카바야시 씨를 모시고 돌아왔습니다. 그 말을 들은 케어 매니저가 흡연과 외식을 삼가도록 설득하러 갔습니다.

고심 끝에 내린 결정

─

이번에는 오카바야시 씨 방 다다미⁵에서 담뱃불에 탄 흔적을 발견했습니다.

"방에서 담배를 피우면 퇴거 조치합니다."

직원이 엄하게 주의를 주었는데도 같은 일이 여러 번 반복되었습니다. 혹시 건망증 때문인가 하여 병원에 모시고 갔더니 치매라는 진단이 나왔습니다. 이러다가 담뱃불을 제대로 끄지 않아 화재가 나서 다른 이용자가 피해를 입을 가능성도 있겠다 싶어서 저는 고심 끝에 결정을 내렸습니다.

오카바야시 씨에게 퇴거를 부탁했습니다. 그리고 치매가 있어

---

5 다다미 : 일본 전통의 바닥재. 짚으로 만든 판에 왕골이나 부들로 만든 돗자리를 붙여 만듦

도 입주 가능한 시설을 함께 보러 갔습니다. 견학하고 돌아온 오카바야시 씨가 중얼거렸습니다.

"여기 있고 싶은데…."

그 쓸쓸해하는 옆모습을 보고 저는 할 말을 잃었습니다.

오카바야시 씨는 퇴거하여 다른 시설에서 돌아가셨습니다. 당시 저희 법인에는 돌봄이 필요한 이용자를 받아들일 시설이 없었습니다. 그 일을 계기로 저는 케어 하우스 이용자가 돌봄을 필요로 할 때 입주 가능한 시설을 만들기로 결심했습니다.

7

지역사회
공헌

열린 시설

─

"시설장님, 그쪽 시설 근처에 괜찮은 땅이 있는데 보시겠습니까?"

2011년 어느 날 부동산 중개소 대표 말을 듣고 걸어서 몇 분밖에 안 걸리는 그곳에 갔습니다.

땅을 보고 가장 먼저 떠오른 건 근처에 사는 고령 어르신이 예전에 시설 견학을 하고 나서 하신 말씀이었습니다.

"나도 여기서 이 사람들과 함께 밥을 먹고 싶다."

그때 저는 이렇게 거절했습니다.

"시설에서는 입주자 식사만 만드는걸요."

그 일이 떠올라 고령 어르신들께 직접 지은 따뜻한 밥을 드실 장소를 제공하고 싶다는 생각을 하게 되었습니다. 이 생각은 고령자뿐만 아니라 장애인, 아이를 동반한 엄마, 회사원도 이용하는 카페를 만들어 지역사회에 이바지하고 싶다는 꿈으로 바뀌었습니다.

그러한 꿈은 현실이 되어 2013년에 새로운 시설을 오픈했습니다. 5층짜리 건물 1층에는 카페, 재가 돌봄 지원 사업소, 지역 상담센터, 사무실이 있고 2층은 그룹 홈, 치매 대응형 주간 보호 서비스, 헬퍼 스테이션 3~5층은 사코주(서비스 포함 고령자용 주택)입니다.

1층 카페는 사코주 이용자용 식당인데 일반인도 이용할 수 있게 했습니다. 카페 운영은 처음이었지만 다행스럽게도 저희에게는 영양사와 조리사 자격증을 가진 사람이 있었습니다.

조리를 잘하는 직원 중심으로 계획을 짜고 카페 콘셉트를 연구했습니다. 일반 카페 같으면 단지 수익을 내는 사업에 지나지 않겠지만, 사회복지법인인 저희는 '카페로 지역사회에 이바지하는 방법이 뭘까?' 몇 번이나 자문자답해 보았습니다.

그 결과 고령자는 혼자 밥을 먹기 때문에 영양분이 부족한 식사를 하거나 편식하는 사람이 많으니, 식사를 낼 때 메뉴와 사용된 음식 재료의 효능을 직원이 설명하기로 했습니다. 그렇게 하면 의사소통 기회가 확보되고 영양 지도 활동도 된다고 생각했기 때문입니다.

장애인 시설을 방문했을 때 그곳 이용자가 편하게 식사하러 갈 장소가 없다고 한 말이 생각나 몸이 불편한 사람이 안심하고 들르도록 주차장을 만들고 휠체어가 들어가는 화장실도 설치했습니다. 카페 직원 거의가 돌봄 자격증을 가졌으니 도움이 필요하면 도와줄 수도 있습니다.

자녀 양육 가정도 응원하고 싶어서 자녀를 동반한 어머니가 주변 눈치 안 보고 점심을 먹도록 어린이 놀이방을 완비했습니다.

테이블과 의자 같은 가구는 기능성을 중요시했으며 천연목으로 만들어 사람에게 좋고 따스함이 느껴지는 가구를 메구로(도쿄도 메구로구)에 있는 가구 거리에서 찾았습니다. 지역사회에 공헌하기 위해 구입은 사업소 근처 가구점에서 했습니다.

카페를 지역사회에 개방

그리고 일반인도 수강하는 치매 예방 카페와 문화 강좌를 열었습니다. 자원 활동가도 참여해 강좌 분위기를 띄워줍니다.

상가와 협력하여 처음으로 여름 축제도 했습니다. 카페 주차장에서 볶음국수, 주스, 맥주, 빙수, 솜사탕을 파는 포장마차를 열었습니다. 솜사탕이 가장 인기가 많았습니다. 아이들 스스로 솜사탕을 만들며 정말로 즐거워했습니다.

히나마쓰리[6] 때에는 히나 인형을 장식하고 지나가는 사람에게

---

6 히나마쓰리 : 3월 3일 여자 아이의 건강한 성장을 기원하는 연중행사. 제단에 일본 전통 옷을 입힌 작은 인형(히나 인형)들을 진열하고 떡, 감주, 초밥 등 음식을 차림. 제단 주변은 벚꽃, 귤나무, 복숭아꽃으로 장식

는 무료로 감주를 대접했습니다.

　카페를 지역사회에 개방함으로써 문 닫은 상점들이 활기를 되찾았으면 좋겠다는 심정으로 다양한 이벤트를 기획했는데 한때 사람이 모이기는 했으나 쉽사리 지역 활성화로 연결되지는 않았습니다. 꿈과 이상을 향해 도전한다 해서 반드시 결과가 뒤따르는 건 아니지만 꿈도 이상도 표출하지 않으면 실현되지 않습니다.

　좀 늦게 가더라도 포기하지 않으렵니다. 저희 카페를 통해 지역에 사는 모든 분이 기뻐하시기를 바라며.

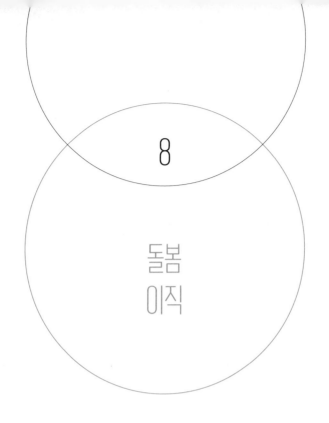

8

돌봄
이직

고무로 데쓰야 씨의 회견에서

2018년 1월 뮤지션 고무로 데쓰야(1958년생, 남) 씨가 은퇴 회견을 할 때 고차뇌기능장애가 있는 아내 돌보는 이야기를 했습니다. 그걸 듣고 떠오른 말은 '돌봄 이직離職'입니다.

연간 약 10만 명이 돌봄이나 간호 때문에 하던 일을 그만둔다고 합니다. 육아는 끝이 있지만 돌봄은 끝이 보이지 않습니다. 이성에 따른 판단을 한다면 다른 선택지도 생각할 수 있을 텐데 돌봄 스트레스가 판단력을 무디게 하여 돌봄 이직으로 내몰린 사람이 많습니다.

고무로 씨는 회견에서 돌보는 이의 스트레스를 개인 문제로만 치부하지 말고 사회 문제로 받아들일 필요가 있다고 문제 제기를 했습니다.

이미 노인장기요양보험 서비스를 이용할지도 모르지만 고무로 씨의 돌봄 부담을 조금이라도 덜어줄 수 없을까 하고 노인장기요양보험 제도부터 살펴봤습니다.

아내 게이코 씨는 당시 45세라서 노인장기요양보험 제도는 이용할 수 없다고 생각하는 사람이 많을 겁니다.

노인장기요양보험은 65세 이상 제1호 피보험자와 40세 이상 65세 미만으로 건강보험에 가입한 제2호 피보험자가 대상인 제도입니다. 돌봄이 필요한 상태와 일상생활하는 데 지장을 받는 상태일 때 보험 혜택이 적용됩니다.

제1호 피보험자는 돌봄이 필요한 질병으로서 부상의 원인과 무관하게 보험금을 지급받지만 제2호 피보험자는 나이에 따른 특정 질병(뇌혈관질환 포함 16대 질환[7])이 원인일 때로 한정합니다. 게이코 씨처럼 40세 이상으로 뇌혈관질환이 원인인 고차뇌기능장애인은 장애인복지 서비스와 흡사한 내용과 기능을 가진 노인장기요양보험에 가입해 보험 서비스를 우선하여 받게 됩니다. 다만 자립 훈련이나 장애인 일자리 지원처럼 노인장기요양보험에 포함되지 않은 서비스는 장애인복지 쪽 서비스를 받을 수가 있습니다.

즉 게이코 씨는 노인장기요양보험 급여 신청이 가능합니다.

---

7 16대 질환 : 당뇨병, 심장질환, 고혈압, 뇌혈관질환, 간질환, 위·십이지장궤양, 갑상샘질환, 동맥경화증, 만성하기도질환, 폐렴, 관절염, 백내장, 녹내장, 결핵, 신부전, 생식기질환

그리고 돌봄 등급이 인정되면 케어 매니저가 게이코 씨 요구에 맞춰 남편 고무로 씨와 함께 돌봄 계획을 세워서 돌봄 서비스를 이용할 수 있습니다. 그렇게 되면 서비스 사업자가 게이코 씨를 지원하기 때문에 고무로 씨는 고독한 돌봄에서 해방될 수 있습니다.

하지만 등급을 받아도 한 가지 문제가 있습니다. 게이코 씨가 고령자를 대상으로 설계된 노인장기요양보험 서비스에 적응할 수 있을까 하는 점입니다. 특히 주간 보호 서비스는 고령자에 맞춘 프로그램이어서 65세 미만인 사람은 흥미를 가질 수 없는 내용이 많습니다. 또래라도 있으면 공통된 화제로 대화를 나눌 수 있겠지만 고령자만 있는 곳에서는 그것도 기대할 수 없습니다. 무엇보다도 자신이 고령자 속에 있다는 고립감에 시달립니다. 조발성 치매환자를 비롯해 65세 미만이 적정하게 이용 가능한 돌봄 서비스가 없는 것이 현실입니다.

또한 고령자를 돌보다 보면 생기는 고민을 공유하도록 종사자 모임이 지역에 있으나, 게이코 씨처럼 젊은 사람을 돌보는 가족이 상담하는 장소는 별로 없습니다. 이 상태로는 돌보는 이가 점점 고립되고 돌봄 우울증이나 환자 학대로 이어질 수도 있습니다.

다행히 고무로 씨는 경제적 여유가 있을 테니 게이코 씨가 원하는 본인 부담 서비스를 이용함으로써 육체 부담은 줄일 수 있으리라 생각합니다. 그래도 정신적 지원은 어느 정도 필요할 것입니다.

돌봄 이직 전의 해결책

———

가족을 돌보려고 일을 그만둔다 해도 돌보는 문제가 완전히 해결되는 건 아닙니다. 일을 그만두면 오히려 돌봄 부담이 증가하여 정신, 육체, 경제 면에 부하가 걸릴 것입니다. 이직 후 재취업 희망이 이루어진다는 보장도 없습니다.

돌봄 이직 방지에 힌트가 될지 모르겠지만 저희 시설에서는 최근 2, 3년 전부터 가족 돌봄이 필요하게 될 때를 대비하여 돌봄에 필요한 지식과 기술을 배우려고 돌보는 직업을 선택했다는 40대~60대 직원이 늘었습니다.

실제로 부모님을 돌보는 데 도움이 된다는 의견을 자주 듣습니다. 혹시 돌봄 이직을 고려 중이라면 돌보는 일을 지원하는 업무로 전직하는 방법도 있습니다. 돌봄 업무 사업장에는 직접 돌보는 일 말고도 돌봄 사무, 총무, 영업, 시설 정비, 송영 도우미 등 지금까지의 경험을 살리는 주변 업무가 많이 있습니다.

사정에 따라서는 자신의 직장인 시설을 가족이 이용하면 안심하고 일할 수도 있습니다. 그리고 그것은 돌봄 시설 직원 부족 완화로도 이어집니다.

돌보는 일로 고민이라면 우선은 혼자서 떠안지 말고 지역 노인장기요양보험 담당 창구나 지역 포괄 지원 센터에 가서 상담할 필요가 있습니다. 저희 사회복지법인은 돌봄 이직 전에 여러 가지 해결책이 있음을 사회에 알릴 사명을 띠었다는 사실을 다시 한번 명심하겠습니다.

적절한 등급을
인정받는
방법

돌봄 인정 조사를 받았는데 실제 상태보다 등급이 낮게 나와서 필요한 돌봄 서비스를 이용할 수 없다고 상담을 하러 오는 분이 있습니다.

당사자나 가족 이야기를 자세히 들어보면 조사할 때 평소와 다르게 말하고 행동하는 사람이 적지 않습니다.

돌봄 인정은 돌봄 서비스 필요 등급을 판정하는 일이므로 질병 정도와 돌봄 등급이 일치하지 않는 경우가 있으나 이해하지 못하는 사람도 있습니다.

돌봄 등급은 인정 조사원이 청취 조사한 내용과 주치의 의견서를 토대로 데이터 처리하고(1차 판정) 그 결과와 주치의 의견서를 근거로 돌봄인정심사회 위원이 심사를 하여 결정(2차 판정)됩

217

니다.

저는 돌봄인정심사회 위원으로서 돌봄 인정 심사를 합니다. 그 경험으로 적절한 돌봄 인정 조사를 받는 방법을 소개하겠습니다.

1. 당사자에게 평소의 상태를 조사한다고 사전에 말해 둡시다.

   평소에는 침대에 누워서 지내는데 조사원이 오면 애써 한 발로 서는 모습을 보여주는 분도 있기 때문입니다.

2. 당사자가 조사원에게 실제와 다른 말을 하는 경우가 있으니 당사자를 잘 아는 가족이 동반합시다.

   혹시 당사자 앞에서 말하기 어려운 게 있으면 당사자가 없는 곳에서 조사원에게 말하거나 메모로 전달해도 됩니다.

3. 당사자가 외출했다가 집을 찾아오지 못하거나, 음식을 만들다 가벼운 화재가 발생하거나, 폭언이나 폭력을 행사해서 돌보는 데 손이 많이 간다면 조사원에게 말합시다. 조사원이 그것을 특기 사항에 써 두면 돌봄인정심사회는 판정에 참고합니다.

4. 이용하고 싶은 돌봄 서비스를 조사원에게 말하면 특기 사항에 적어 주므로 요구 사항이 잘 전달됩니다.

5. 주치의에게 의견서를 써 달라고 할 때는 일상생활에서 일어난 일이나 치매 때문에 가족이 어려움을 겪는 사항을 자세히 전달해야 합니다.

위와 같은 것이 조사표에 쓰여 있더라도 주치의 의견서에 아무것도 적혀 있지 않으면 적절한 판정을 받는 데 아무 도움이 안 될지도 모릅니다.

이상과 같은 점에 주의하여 인정 조사를 받았는데 돌봄 등급 인정 결과가 이해되지 않는 경우에는 이의 신청을 하거나 구분 변경 신청을 할 수 있습니다. 다만 이의 신청은 결과가 나올 때까지 시간이 걸립니다.

적절한 등급을 인정받으려면 현상을 지금 상태 그대로 최대한 올바르게 전달해야 합니다.

특히 스스로 움직이는 치매환자는 주의해야 합니다. 신체 돌봄이 그다지 필요하지 않으므로 '돌봄 필요'가 아닌 '지원 필요'가 되어 버리기도 합니다. 그래서 실제로는 가족에게 돌봄 부담이 돌아가는 경우가 많습니다. '지원 필요'와 '돌봄 필요'는 서비스 양과 선택지에서 차이가 납니다.

그렇기 때문에 평소에 생활하면서 힘들었거나 알게 된 점을 꼼꼼히 기록해 두면 도움이 됩니다.

제6장

기쁘고 심오한 복지로서의 돌봄

제6장은 돌보는 일의 제호미[1]를 주제로 한 내용입니다.

돌봄은 한마디로 말하면 '일상생활을 원활히 할 수 없는 사람을 지원'하는 일입니다. 그렇기 때문에 돌봄 종사자의 가치관, 관찰력, 전문성에 따라 이용자의 삶의 질이 크게 달라집니다. 즉 이용자가 어떤 사람에게 돌봄을 받느냐에 따라 삶의 만족도가 달라진다 해도 과언이 아닙니다.

돌보는 사람도 돌봄을 통해 인생에 영향을 받습니다. 저는 이 일로 고령 어르신들에게 많은 것을 배우고 인간적으로도 성장했습니다.

어떤 일에나 고민과 과제가 있지만 현상만 보고 이상을 잊으면 보람을 잃어버리고 맙니다. 그러므로 이용자가 생활하는 데 불편을 조금이라도 덜 느끼도록 전문성을 연마하는 것은 매우 중요합니다.

고민과 과제를 극복하고 이용자와 마음이 통했을 때 저희는 벅찬 감동과 기쁨을 느낍니다.

---

1 제호미 : '제호'는 가장 좋은 유제품으로 온갖 질병에 효험이 있다고 함. 따라서 '제호미'는 매우 좋은 맛을 뜻하며 변하여 사물의 깊은 맛 즉 참된 맛, 묘미를 나타내는 의미로 사용

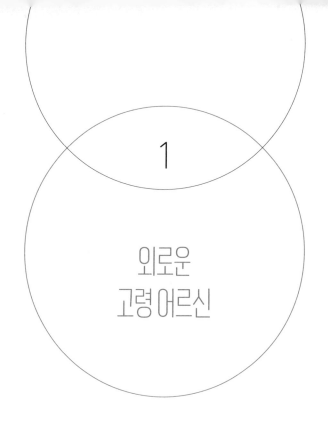

1

외로운
고령 어르신

인사만으로도 기뻐하는 이용자

"안녕하세요?"

주간 보호 서비스 이용자 와타나베 야스코(80세, 여) 씨에게 인사를 하자 갑자기 눈물을 글썽였습니다.

놀라서 제가 무슨 실례라도 했는지 여쭙자 "집에서 계속 혼자 있다가 사흘 만에 말 걸어 주는 사람을 만나니 기뻐서" 했습니다. 인사만 해도 기뻐해 주는 외로운 어르신이 있음을 안 것은 돌봄 현장에 뛰어든 지 얼마 안 되었을 때입니다.

저는 지식도 경험도 없이 존경하는 목사님 권유로 '복지로서의 돌봄' 일을 하게 되었습니다. '이용자 인생의 마지막 시기를 지원하는 중요한 일이다. 사랑하는 마음을 담아 돌보고 싶다' 이렇게 단단히 마음먹고 전직을 했는데 그게 얼마나 안이한 생각이었는지 알기까지는 오랜 시간이 걸리지 않았습니다.

사회복지법인은 대부분 행정이나 시설 경영 경험자가 중심이 되어 시설을 창설하는데, 저희 경우 경험자라고는 영양사와 돌봄 직원 몇 명뿐이었습니다. 모든 게 처음이어서 전부 서툴렀습니다.

노인장기요양보험 제도 도입 전이었는데 관련 법 이해, 서류 작성, 돌봄 실기 같은 걸 곁에서 가르쳐 주는 사람도 없었습니다. 늦게까지 일을 해도 진척이 잘 되지 않으니 답답해 시설에 혼자 남아 울기도 했습니다.

더욱이 지식은커녕 치매환자를 본 적조차 없었던 저는 집에 돌아가서도, 치매 이용자가 좀 전에 본인이 한 말을 잊어버리고 반복해서 "밥 안 먹었어" 했던 말이 귓가를 맴돌아 정신적으로도 시달렸습니다. 그 즈음 인사만 했는데 눈물 글썽이던 와타나베 씨를 만나 돌보는 일의 가치와 기쁨을 알았습니다.

그 후로도 이런저런 일이 있었는데 지금 저희 시설 그룹 홈은 이용자의 종말기 임종 돌봄에 열중하고 있습니다. 이용자 요시타니 구미(91세, 여) 씨 가족이 "어머니가 병원 말고 이 시설에서 임종을 맞으셨으면 좋겠다"고 강한 희망을 나타낸 것이 계기였습니다.

그룹 홈에 간호사가 있지만 24시간 상주하지는 않습니다. 그렇기 때문에 직원이 임종 돌봄을 하면서 느끼는 불안감이 컸으나 마지막 순간에 어떻게 대응할지 협력 병원 의사, 간호사, 가족과 함께 여러 번 상의하면서 '그 때'를 대비했습니다.

가족과 직원이 함께 요시타니 씨를 돌볼 수 있었습니다. 임종을 지키던 가족들이 잠자듯 떠난 요시타니 씨 곁에서 "어머니가 이 시설에서 지내신 건 행운이에요. 고맙습니다" 몇 번이나 이렇게 말했습니다.

담당 직원은 여러모로 부담이 컸을 텐데도 요시타니 씨의 마지막 순간에 입회할 기회를 주어 고맙다고 하니 제 가슴이 뜨거워졌습니다. 자기 친족의 죽음에도 입회한 적이 없는 젊은 직원인데 임종 돌봄을 통해서 인간적으로도 대단히 성장한 듯이 보였습니다.

안아 드린 게 아니라 안긴 것

—

이와 같이 돌보는 일은 강한 긴장감과 불안에서 벗어날 수 없는 상황도 있지만 한껏 감사 인사를 받기도 합니다. 감사 인사뿐만이 아닙니다. 감동도 있습니다.

어느 날 치매를 앓는 가와나베 마코(83세, 여) 씨의 큰 외침 소리가 욕실 쪽에서 들려왔습니다. 황급히 가보니 가와나베 씨가 "무서워, 무서워. 목욕 안 할 거야" 하며 돌봄 직원의 팔을 붙잡았습니다. 2주 동안 목욕하지 않은 가와나베 씨가 걱정되어 목욕을 하도록 직원 둘이서 열심히 설득하는 중이었습니다.

저는 가와나베 씨에게 다가가 눈을 보며 호흡과 감정을 맞추고 "무서우셨군요!" 하며 안아 주었습니다. 잠시 안고 있었는데 가와나베 씨는 제 등에 감고 있던 팔을 풀더니 제 팔을 잡고 말했습니다. "여자는 강해야 해. 강하게 살자." 저는 엉겁결에 "네" 하고 대답했습니다. 결국 가와나베 씨는 그날 목욕을 안 했지만 다음날 말씀처럼 '강한 여자'가 되어 목욕을 했습니다.

이용자를 안아 주었다 생각했는데 안겼고 위로해 주었다 생각했는데 위로를 받았습니다. 저는 강한 여자가 될 자신은 없지만 힘든 경우나 시련이 있더라도 극복할 용기가 솟았습니다.

그래서 돌보는 일의 묘미에 빠졌습니다.

2

덕분에
여유 있는
말년

뛰어난 계산 능력 활용할 게임 권유

———

다나카 미치히코(68세, 남) 씨는 전직 은행원입니다. 치매에 걸려 의욕을 상실하고 하루 종일 멍하니 있습니다. 몸은 건강하지만 일상생활 대부분은 부인이 보살피고 챙겨 주어야 했습니다.

부인은 돌봄 피로 끝에 다나카 씨에게 낮 시간만이라도 주간 보호 서비스에 가 달라고 사정사정했지만 다나카 씨는 생활이 바뀌는 걸 좋아하지 않아 완강히 거부했습니다. 속을 태우던 부인은 자신도 함께 주간 보호 서비스를 이용하기로 했습니다.

다나카 씨는 왠지 매번 양복 차림으로 왔는데 나중에 그 의미를 알았습니다.

부인이 주간 보호 서비스에 같이 오면 옆에 조용히 앉아 있는데 부인이 돌아가는 순간 안절부절못하고 입구 쪽으로 갑니다.

여성 이용자는 서비스를 몇 번 이용하면 스스로 친구를 만들어 이야기를 하기 때문에 직원이 그다지 신경 써서 챙기지 않아도 됩니다. 그런데 남성은 특별한 목적 없이도 지내는 방법, 대화, 인간관계를 만드는 일에 서툽니다.

더욱이 치매에 걸리면 의사소통 능력이 떨어지기 때문에 더욱더 고립되고 맙니다. 직원은 다나카 씨가 관심을 가지는 일과 무엇을 잘하는지 정보를 수집하여 직업상 계산을 잘하고 수판셈을 할 수 있음에 주목했습니다. 그래서 두뇌 훈련으로 계산 연습을 하게 하거나 수판셈을 해 달라고 하면 그것을 하는 동안은 집중했습니다. 하지만 함께 하는 게임은 치매 때문에 규칙을 이해하지 못했습니다. 그걸 들키고 싶지 않아서인지 이런저런 핑계를 대며 게임에 참가하지 않았습니다.

점수를 겨루는 게임을 할 때는 직원이 점수 계산을 다나카 씨에게 맡겨 자신감을 갖도록 배려했습니다. 계산을 잘해서 그런지 싫어하지 않고 참가했습니다.

어느 날 주간 보호 서비스에 양복 차림의 중년 남성이 견학을 왔습니다. 그 남성을 보자마자 다나카 씨는 갑자기 의자에서 일어나 일하러 가야 한다고 굳은 표정으로 말했습니다. 양복 입은 남성을 옛 상사로 착각한 모양입니다. 그리고 그날은 하루 종일 안절부절못했습니다. 다나카 씨가 주간 보호 서비스를 직장으로 생각했나 봅니다. 그래서 양복 차림으로 왔을 수도 있습니다.

그 후 점점 낯익은 얼굴이 많아져 혼자서도 올 수 있게 되었습니다. 가끔은 불안한 듯 집에 가고 싶다 할 때도 있었지만 횟수가 줄었습니다.

치매환자는 환경 변화에 약해

———

다나카 씨가 서비스를 이용하는 낮 시간이 부인에게는 유일한 휴식 시간입니다. 그런데 그동안 무리한 탓인지 결국 건강이 나빠져 입원했습니다.

다나카 씨는 어쩔 수 없이 저희 시설 주간 보호 서비스가 아닌 다른 시설의 단기 입소 서비스를 이용하게 되었습니다. 모르는 시설에서 혼자 지내게 되어 부인이 매우 마음 아파했지만 다른 선택지가 없었습니다.

치매환자가 시설을 바꾸는 상황은 건강한 사람이 해외에 이주하는 상황과 같습니다.

다나카 씨는 옮긴 시설에서 식사를 하지 않아 부인이 퇴원할 때까지 기다리지 못하고 돌아가셨습니다. 치매환자는 환경 변화에 약합니다. 특히 남성은 돌봐주는 부인과 헤어지면 갑자기 쇠약해지는 사람이 적지 않습니다. 장례식이 끝나고 부인이 인사차 왔습니다. 틀림없이 낙심이 클 거라 생각했는데 뜻밖의 말을 했습니다.

"관 속에 직원분께 받은 생일 카드와 즐겨 입던 양복을 넣어 줬어요. 일만 하느라 취미도 친구도 없는 남편의 말년이 이곳을 이용한 덕분에 여러모로 여유로웠어요."

일로 고민할 때 그 말씀이 지금도 저를 지탱해 줍니다.

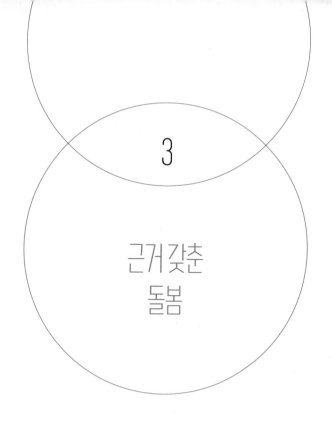

3

근거 갖춘
돌봄

PDCA 사이클로 치매 돌봄의 질을 높여

—

저는 사회복지법인 설립 초기부터 참여했습니다. '복지로서의 돌봄'에 관한 지식이나 경험이 없기 때문에 일을 하면서 자격을 취득했습니다.

돌봄 업무는 무자격으로 일을 시작해도 의지가 있으면 자격, 지식, 기술을 익힐 수 있고 현장에서 활용 가능한 매력이 있습니다. 그러나 자격증을 따고 경험을 쌓아도 돌봄은 답이 명확한 의료와는 같지 않아 근거 제시를 못 하는 경우가 많습니다.

특히 치매의 행동심리증상BPSD이라 불리는 배회, 우울감, 폭언, 폭력, 망상은 현재 이렇다 할 대처 방법이 없고, 직원 대부분은 자신의 지식을 토대로 경험과 직감을 더해 돌봅니다. 그러나 경험과 직감에만 의존하면 각 직원에 따라 돌봄에 불균형이 생길 뿐 아니라 이용자와 가족에게 설명책임을 다할 수 없습니다.

돌봄에는 근거가 필요합니다.

그래서 PDCA 사이클(품질관리 등 관리 업무를 원활히 진행하는 방법)에 치매 돌봄을 적용했습니다.

시설 이용자 야마모토 요코(70세, 여) 씨는 치매에 걸렸는데 어

PDCA 사이클에 기초한 돌봄의 구조

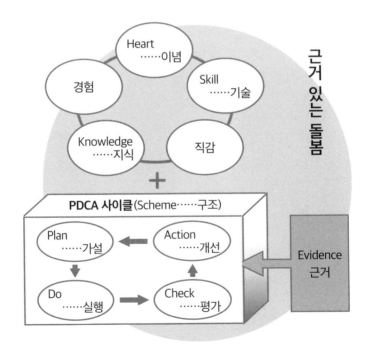

느 순간 티슈로 귀를 틀어막고 창문에서 뛰어내리려고 했습니다. 저희는 회의를 열어 가설(P, Plan)을 세웠습니다.

귀를 티슈로 막는 행동은 소리에 과민하다 보니 시끄러운 게 싫어서 도망치려 했거나 자살 충동 때문에 티슈로 귀를 틀어막고 창문을 통해 뛰어내리려 하지 않았나 싶었습니다.

그러한 가설에서 야마모토 씨가 귀를 티슈로 막는 경우 직원이 옆에서 조용한 환경을 만들기로 했습니다. 그리고 직원 모두가 그 돌봄 경과를 가시화하여 공유하기 위한 기록 용지를 벽에 붙이고 써 넣도록 실행(D, Do)했습니다.

그것을 나중에 평가(C, Check)했습니다. 야마모토 씨가 티슈로 귀를 막을 때 따로 시간을 내어 이야기를 경청해 주자 침착해졌습니다. 불안해지면 패닉 상태가 되어 스스로도 놀랄 행동을 하고 만다고 야마모토 씨 본인이 한 말로 미루어 볼 때 창문에서 뛰어내리는 행동이 자살 충동 때문은 아니라고 판단했습니다.

그리고 개선(A, Action)으로 연결시켰습니다. 불안해지는 원인을 좀 더 잘 알기 위해 약의 영향과 변경을 포함하여 진료하고, 불안해지기 전 전조 증상을 이용자 표정이나 언행에서 찾아낼 뿐 아니라 웃으면 왜 웃는지도 기록하기로 했습니다.

그 후 야마모토 씨는 티슈로 귀를 막는 일이 없어지고 안정을 되찾았습니다.

근거를 갖추면 달라지는 돌봄의 심오함

이와 같은 PDCA 사이클을 돌봄의 구조(S, Scheme)로서 구축하면 직원은 혼란 없이 치매의 행동심리증상에 대처할 수 있습니다. 또한 이용자와 가족에게 돌봄 과정 설명도 가능합니다.

이 방법이 완전히 새롭지는 않고 지금까지 돌봄 현장에서 사용하던 방법에 근거를 붙였을 뿐입니다. 그런데 PDCA 사이클을 적용하여 이용자를 대한다고 모든 이용자의 행동심리증상이 개선되는 건 아니지만, 모든 직원이 가설(P)에 근거하여 돌봄을 실행(D)하고 기록해 가는 과정에서 변화하는 이용자를 여러 번 경험했습니다.

직원 모두가 집중해서 정성을 다해 이용자를 돌보기 때문에 최선을 다하는 상황이 이용자에게 전해져 행동심리증상에 좋은 영향을 주지 않았나 싶습니다.

돌봄은 이용자를 향한 마음(H, Heart)이 핵심입니다. 지식(K, Knowledge)에 기초한 기술(S, Skill)과 구조(S, Scheme)에 경험과 직감을 더하고 근거(E, Evidence)에 기반한 돌봄을 실천함으로써 이용자와 가족이 안심하는 질 높은 돌봄을 제공합니다.

4

환자의 세계에
다가가기

현재가 괴로우면 빛나던 시절로

"퇴실 인사는 하고 가야죠."

시설 이용자 노야마 히토미(78세, 여) 씨가 야근이 끝나 퇴근하려던 젊은 돌봄 직원을 불러 세워 주의를 주었습니다.

"죄송합니다. 먼저 가보겠습니다."

그 직원은 고개를 숙여 인사하고 시설을 나섰습니다.

노야마 씨는 시설에 입주하기 전에 혼자 살았습니다. 어느 날 직장 동료가 집으로 찾아갔는데 꼼꼼하고 깔끔했던 노야마 씨의 방이 발 디딜 틈도 없을 만큼 어지럽혀져 있었다고 합니다. 직장 동료는 이상하다 싶었고 치매라는 단어가 떠올랐습니다. 그러나 노야마 씨가 허리 통증 때문에 방 청소를 못 한다고 해서 그때는 더 이상 파고들지 않았습니다.

그런데 그 후에도 지금까지 하던 사무 작업을 못 하거나 서류를 분실하는 일이 여러 번 생겼습니다. 치매를 조기에 발견하기는 어려운데 직장 동료가 기지를 발휘해 노야마 씨를 설득하여 함께 진찰을 받으러 갔습니다. 그곳에서 알츠하이머형 치매라는 진단을 받고 시설에 입소하게 되었습니다.

노야마 씨는 오랜 세월 기숙사 사감을 했기 때문인지 시설은 여자 기숙사로 젊은 돌봄 직원은 여학생이라 여겼습니다. 그러다 보니 직원의 인사나 말투가 바르지 못하면 타이르듯이 주의를 주었습니다. 틀린 말이 아니라 직원은 고분고분 받아들였습니다.

노야마 씨는 미혼이고 자녀도 없이 고독한 처지였습니다. 그러나 사감 시절의 제자들이 시설에 자주 찾아와서 그런지 외로움을 느끼는 모습은 본 적이 없습니다. 이름과 얼굴을 정확하게 기억하는지는 모르겠으나 제자가 찾아올 때마다 반갑게 이야기를 했습니다. 제자들은 돌아갈 때 저마다 선생님을 잘 부탁한다며 인사하고 갔습니다.

치매의 핵심 증상 중 하나로 지남력 장애가 있는데 자기가 있는 장소나 시간 또는 사람을 올바르게 인식하지 못합니다. 지남력 장애를 가진 이 중 제가 만난 대부분은 자기 인생에서 가장 빛나던 시절로 돌아가 있었습니다.

그러면 지남력 장애를 가진 이는 왜 자신의 황금기로 돌아갈

236

까요. 그 이유 중 하나는 지금의 괴로운 현실에서 도피하고 싶기 때문입니다.

노야마 씨도 인지 능력이 떨어진 자신, 할 수 있던 걸 할 수 없게 된 자신, 아무에게도 필요 없게 된 자신이 견딜 수 없어 사감시질로 돌아간 건 아닐까요.

현실로 돌아오기 위해서는 설 자리가 필요

'여기는 시설이고 저희는 학생이 아니다' 하며 직원이 노야마 씨의 언행을 부정하는 일은 없었습니다. 노야마 씨의 세계를 이해하고자 다가갔을 뿐입니다. 그 결과 직원과 신뢰가 깊어지고 현실로 돌아와 있는 시간이 길어졌습니다.

현실로 돌아오기 위해서는 자신이 설 자리가 필요합니다. 그래서 노야마 씨에게 꽃병 물갈이나 노래 지도를 부탁했습니다. 역할이 있으니 여기에 있어도 된다고 안심시키기 위해서입니다.

꽤 시간을 들여 애쓴 덕분에 노야마 씨가 현실을 살아가게 되었는데 병을 얻어 누워서 지내는 시간이 많아졌습니다. 여러모로 힘들었을 텐데 불평도 하지 않고 미소를 잃지 않았습니다.

노야마 씨는 마지막을 어떻게 살아야 하는지 저희에게 본보기를 보여주고 조용히 하늘나라로 가셨습니다. 그 마지막 길을 제자들이 배웅해 드렸습니다.

장례식 때 제자 중 한 명이 작은 소리로 말했습니다.

"노야마 선생님은 이 시설에서 지냈을 때가 가장 행복하신 듯해요. 그렇게 온화한 표정의 선생님을 본 적이 없거든요."

저는 그 말이 함축한 의미를 기회 있을 때마다 떠올려 반추합니다.

제6장 기쁘고 심오한 복지로서의 돌봄

5

시설의 안전
그리고

돌봄을 시설 건축으로 표현

1997년에 처음으로 시설 건축에 관여했습니다. 건축 회의 때 도면을 보여 주며 저에게 의견을 물어도 복지로서의 돌봄 지식이나 경험이 없기 때문에 기껏해야 바닥이나 벽 색깔에 관한 희망 사항을 말하는 게 고작이었습니다.

9년 후인 2006년에 또 한 번 시설을 짓는 기회를 얻었습니다. 첫 번째 시설을 열고 나서 저는 다양한 곳에서 복지로서의 돌봄을 배우고 여러 시설을 견학했습니다. 고령 어르신을 많이 만나고 돌봄에 관한 생각도 깊어졌습니다.

그래서 새로운 시설에는 돌봄 아이디어(소프트웨어)를 건물(하드웨어)로 표현하고 싶다는 생각을 했습니다.

저는 고령 어르신이 자신의 일생을 돌아보고 잘 살았다고 인정하려면 마지막 시기를 보내는 방법이 매우 중요하다고 생각합니다. 인생 전반부에 아무리 인복이 많고 풍족하게 살았더라도, 마지막에 자유가 없거나 쓸쓸하거나 존엄을 지킬 수 없다면 후회 없이 인생을 마감할 수 없으리라 생각합니다.

그런데 돌보는 쪽은 아무래도 지나칠 정도로 안전을 최우선으로 생각하다 보니 이용자의 의욕, 개성, 자존심을 꺾는 경우가 있습니다. 저는 이용자가 설령 넘어질 위험이 있더라도 스스로 걷고 싶다 하면 그것을 지원하고 싶습니다. 어차피 24시간 붙어서 돌볼 수는 없으므로 혼자 있고 싶다면 혼자 있어도 안전한 환경을 만들어 주고 불안해서 누군가의 곁에 있고 싶다 하면 함께 있어 주는 돌봄을 하고 싶습니다. 새로운 시설에는 그런 생각을 아로새겼습니다.

외관은 콘크리트로 했습니다. 이전에 다른 그룹 홈에서 화재로 이용자가 돌아가신 일도 있어서 화재나 재해에 끄떡없게 지었기 때문에 안심입니다.

1층에 소규모 다기능 홈이 있고 2층은 그룹 홈입니다. 외관은 세련되고 멋지지만 안에 들어가면 고령 어르신이 옛날을 회상할 수 있게 일자형 연립주택의 처마 밑을 형상화해 놓았습니다.

1층 중앙에는 2층으로 올라가는 계단이 있습니다. 이 계단은 이용자가 떨어질 위험성이 있으므로 보이지 않는 곳으로 옮기는

제6장 기쁘고 심오한 복지로서의 돌봄

게 좋겠다고 설계 단계에서 어느 직원이 의견을 냈습니다.

그런데 "계단에는 꿈이 있어요. 2층에는 뭐가 있을까 하는 마음에 올라가 보고 싶어져요" 다른 직원의 이 한마디에 가운데에 자리 잡았습니다. 저희는 시설 이용자의 꿈을 지지하는 돌봄을 하고 싶었기 때문입니다.

개인 방의 출입문은 주사위 눈을 떠올리는 디자인으로 했습니다. 1호실에는 주사위 눈이 하나 있습니다. 2호실, 3호실 이렇게 주사위 눈이 하나씩 늘어가니 그 눈을 셈으로써 본인의 방을 인식하고 뇌 훈련이 가능하도록 고안했습니다.

화장실에는 이용자의 신체 상황에 맞게 등받이, 난간, 펀 레스트 테이블[1]을 설치하여 필요에 따라 선택 사용할 수 있게 했습니다.

남성용 소변기도 설치했습니다. 서서 소변기를 이용하는 건 남성의 존엄과 연결된다고 생각하기 때문입니다.

2층 그룹 홈에는 저희가 '우물가'라고 부르는 테이블이 있습니다. 이 테이블은 중앙이 뚫려 있는데 거기에 강화유리를 끼워 넣어 1층을 들여다볼 수가 있습니다. 천장에는 천창이 있어 햇빛이 쏟아져 들어옵니다. 사람이 그리울 때에는 이 테이블을 둘러싸고 옛날을 회상하며 '햇볕 쬐기'나 '우물가 모임'을 할 수 있으면 좋겠다고 생각했습니다.

이 시설을 연 지 10년 이상 지났지만 실제로는 꿈이 있는 계단

---

1 펀 레스트 테이블FUN rest table : 전경 자세를 지지하기 위해 설치하는 테이블 *전경 자세 : 고관절을 기점으로 하여 그 윗부분이 앞으로 기운 자세

은 직원 전용이고 이용자는 승강기를 이용합니다. 모든 게 이상대로 활용되지는 않습니다.

항상 시설 사용법을 재검토하고 존엄을 지키며 돌보기 위해 끊임없이 성찰하고자 합니다.

6

초고령자의
초월한
행복

노년기 행복의 비결을 인생 선배에게 배우다

———

최근 2, 3년 사이 제 머릿속 고령자 이미지에 극적인 변화 곧 패러다임 전환이 일어났습니다. 나이를 먹으면 '심신의 건강' '가족·사회와의 연결' '경제력' 따위를 상실한다는 바람직하지 못한 면만 강조되는데, 저도 지금까지는 그런 인식에 거부감이 없었습니다. 그러나 90세 이상의 초고령층이 늘면서 그 중에는 행복을 느끼는 분이 많음을 알게 되었습니다.

얼마 전에도 고령자 모임에서 85세 이상 되신 분들께 행복한지 여쭈어봤더니 이구동성으로 행복하다 했습니다. 언제 행복하냐고 하니 '아침에 일어날 때 오늘도 살아있음을 느낀다' '손주와 이야기할 때' 이처럼 하루하루 생활의 작은 일에서 기쁨을 느꼈습니다. 모임에 참가할 정도로 건강과 환경이 좋은 어르신이니 행복을 느끼는 분이 많음도 당연하다 생각하겠지만 꼭 그렇지는 않습니다.

"나는 행복했어. 지금까지 살면서 만난 사람은 다 좋은 사람이었어. 운이 좋았지."

돌봄이 필요한 상태라 시설에 들어온 고이즈미 에쓰코(94세, 여) 씨가 한 말입니다. 고령이다 보니 가족과 친구도 거의 떠나고 외로움을 느껴도 이상하지 않을 텐데 자신의 현재 상황을 인정하여 받아들이고 감사하다는 말을 연거푸 합니다. 야마구치 유지(97세, 남) 씨는 혼자서 살았는데 갑자기 건강이 나빠지는 바람에 입원하면서 돌봄이 필요하게 되었습니다. 그런데 의사는 고령이라 치료를 못 한다고 했습니다. 저희가 병문안을 갔더니 담담한 말투로 바쁠 텐데 찾아오게 해서 미안하다며 오히려 걱정해 주었습니다.

외로움에는 강하게 지난날은 후회 않기

예부터 존경할 만한 어르신이 있기는 했으나 장수하는 분이 지금처럼 많지는 않았기 때문에 존경할 만한 분도 드물었나 봅니다. 지금까지 노인에게 행복이란 정신과 육체 그리고 능력 면에서도 죽는 날까지 현역으로 남는 것이었습니다. 그런데 스웨덴의 사회학자 토른스탐Lars Tornstam은 초고령자가 되면 노화에 따른 쇠약을 나쁘게 인식하지 않고 현실 그대로를 받아들이며 소소한 일상에서 행복을 느끼고 현재에 감사하는 마음을 가지는 '노년기 초월감'에 이르기도 한다고 주장했습니다.

모든 초고령자가 노년기 초월감의 경지에 이른다고는 생각하지 않지만 그러한 초고령자가 계셔서 용기가 납니다. 지금의 고령자에게는 초고령 사회를 산 모범이 되는 모델이 없기 때문에 자신이 직접 몸으로 부딪쳐 가며 삽니다. 그러나 저희에게는 이제 모델이 생겼습니다. 그 모델에게서 노년기 초월감에 이르는 비결을 찾으면 공통된 특징이 보입니다.

초고령이 되어 행복지수가 높은 분은 일상의 사소한 일에도 고마워합니다. 자신이 처한 환경의 부족한 점을 늘어놓으며 불평하는 일이 없기 때문에 저절로 사람이 모여들어 외롭지 않습니다. 남에게 의존하지 않고 고독을 잘 견딥니다. 나이를 많이 먹으면 시간이 넘치니 혼자 있는 시간을 어떻게 즐기느냐에 따라 행복지수가 달라집니다. 또한 아무것도 구애받지 않는 사람은 정신 면에서 자유롭습니다. 고집이 센 사람은 그 고집에 얽매이는 성향이 있습니다. 과거에 후회를 남기지 않으면 현재를 평온하게 보낼 수 있습니다.

저는 행복지수가 높은 초고령자를 본받아 사소한 일에서도 행복을 찾아내 감사하며 혼자만의 시간을 즐기는 취미를 만들려고 합니다. 사람과 물건과 자기 생각에 얽매이지 않고 사과해야 할 일은 바로 사과하며 후회 없는 나날을 보내는 훈련을 지금부터 실행하려고 합니다. '모든 걸 초월한 행복한 삶이었다' 말하고 인생의 막 내리기가 목표입니다.

제7장

돌봄의
세계

제7장은 제가 '복지로서의 돌봄'에 종사하게 된 경위를 썼습니다.

사사로운 일에 지면을 할애하는 건 부끄럽고 송구스럽지만 왜 치매 고령자의 존엄을 생각하게 되었는지 이해를 돕기 위해서는 빼놓을 수 없다고 생각했습니다. 저는 크리스천이므로 성경에 바탕을 두고 사람과 돌봄을 생각합니다.

제가 근무하는 시설 건물 외벽에는 성화가 걸려 있습니다. 예수그리스도가 십자가에 못 박히기 전에 모든 제자의 발을 직접 씻어 주는 모습이 담겨 있습니다. 예수님을 배반한 유다도 보입니다.

당시에 발을 씻어 주는 행위는 노예가 하는 일이었는데 예수님이 제자들 앞에서 무릎을 꿇고 그들의 발을 씻었습니다. 머리나 손이 아닌 지저분한 발이라서 씻을 필요가 있었을 겁니다. 스승인 예수님은 제자의 발을 씻어 줌으로써 우리가 서로 발을 씻어 주도록 가르치십니다.

배반자 유다의 발까지 씻어 주는 예수님의 사랑과 겸손은 오늘도 저를 '당신도 병과 고독 그리고 빈곤으로 슬퍼하는 이의 발을 씻어 주는 사람이 되라'고 채근합니다.

1

비전문가인 내가 복지의 세계로 뛰어들어

모든 게 막막했던 나날

"사회복지법인 인가를 받았는데 새로 만드는 시설에서 근무할 사람이 없으니 도와주면 좋겠어요."

1997년 어느 날 법인의 초대 이사장이기도 한 고미야마 린야 목사님에게 전화를 받았습니다.

당시 저는 부기[1]와 비즈니스 매너 강사를 했는데 크리스천이라 존경하는 목사님 부탁이라면 하겠다는 생각으로 아무것도 모르

---

1 부기 : 자산, 자본, 부채의 수지·증감 따위를 밝히는 장부 기록 방법

는 복지 세계에 뛰어들었습니다. 사회복지법인 구례할렐루야회는 구례시 및 근교에 있는 개신교가 협력하여 그리스도의 사랑으로 고령 어르신을 섬기겠다는 사명을 가지고 설립했습니다.

사회복지법인 인가를 받기 위한 서류는 복잡하고 방대했는데 무모하게도 하나하나 물어가며 신청에 도전했습니다.

힘든 건 서류 작성과 사무 관련 수속만이 아니었습니다. 자금 모으기도 힘들었는데 전국의 유지들께 기부금을 받았으며 자선 콘서트도 개최했습니다. 시설을 운영하기 위한 노하우와 인력이 없었기에 더더욱 어려움을 느꼈습니다. 그러나 문제가 생길 때마다 해결할 길도 열렸습니다. 같은 개신교가 모체인 사회복지법인이 모두 저희에게 손을 내밀어 주고 시설 운영 요령을 전수해 주었습니다.

그리고 많은 분의 염원과 지원으로 사회복지법인 인가를 받아 1998년 케어 하우스와 주간 보호 서비스를 개설했습니다. 저는 상담원이 되어 이용자 돌봄과 사무 전반을 담당하게 되었습니다.

케어 하우스가 거동이 가능한 60세 이상을 대상으로 하는 시설이어서 돌봄 지식과 경험이 없는 저희에게는 참으로 다행이었습니다. 특별 양호 노인 홈처럼 '돌봄 필요'로 지정된 중증 이용자를 돌보는 게 아니므로 돌봄 기술이나 의료 지식의 전문성이 그다지 필요하지 않았습니다.

시설이 구례시 중심부에 있으므로 시청, 보건소, 병원, 은행, 상가가 걸어서 가는 거리에 있습니다. 접근성이 좋아서 케어 하우스는 개설과 동시에 만실이 되었습니다.

또한 주간 보호 서비스는 노인장기요양보험 제도가 생기기 전에 개설하여 행정기관에서 위탁받은 경증 이용자에게 서비스를 제공했으므로 이용자를 확보하려는 노력을 할 필요가 없었습니다. 그렇기는 해도 모든 게 처음이라 암중모색하는 나날이었습니다.

지금과 다르게 돌봄 시설이 많지 않아서 경쟁할 필요는 없었지만 없는 경험을 지식으로 메꾸려고 연수나 강연회, 시설 견학을 하러 여기저기 다니며 깊이 있는 연구를 했습니다.

그리하여 2001년에는 구레시 위탁 사업인 재택돌봄지원센터를 2004년에는 케어 매니저 자격을 취득하여 재가돌봄지원사업소를 개설했습니다.

사업이 순조롭게 궤도에 올라 일단 제 책임은 다했다고 생각했습니다.

대학원 진학이 결정되자마자

그렇게 되고 보니 여러 가지 업무상 고민으로 시작할 때의 동기를 유지하지 못하게 되어 잠시 일을 떠나 저 자신을 돌아보고 싶었습니다.

그렇다고 손 놓고 있을 수도 없어 제가 잘 모르는 분야인 경영을 배워 보려고 1년 만에 경영학 석사MBA를 취득할 수 있는 호세대학 대학원 시험을 보기로 했습니다. 자신은 없었지만 다행히 시험에 합격한 저는 4월부터 도쿄에서 시작되는 대학원 생활을 하기 위한 준비를 했습니다.

그러나 갑자기 생각지도 못한 일이 일어났습니다. 직원이 잇따라 그만두었습니다. 그리고 이사장께서 시설장이 사표를 냈기 때문에 제가 대학원에 진학한 건 알지만 시설장을 맡아 주면 좋겠다고 했습니다. 온갖 방법으로 새 시설장을 찾아봤다고 하는데 갑작스러운 일이라 적임자가 없다며 저에게 맡아 달라고 했습니다.

원래 저는 다른 사람 위에 설 그릇이 못 되기 때문에 대답을 망설였습니다. 그러자 이사장께서 "대학원에 진학하세요. 앞으로는 복지 분야에 반드시 경영 지식이 필요하게 돼요. 사토무라 씨라면 병행할 수 있어요" 하고 제가 엄두도 못 낼 엄청난 말씀을 해 주셨습니다.

'만약 내가 지금 시설장을 맡지 않으면 모두가 힘들여 개설한 시설이 폐쇄될 수도 있겠구나' 싶어 자신은 없지만 이사장 말씀대로 시설장과 대학원생을 병행할 결심을 했습니다.

그런 저를 기다린 건 지금까지 해 온 일과 비교가 안 될 만큼 격동의 1년이었습니다.

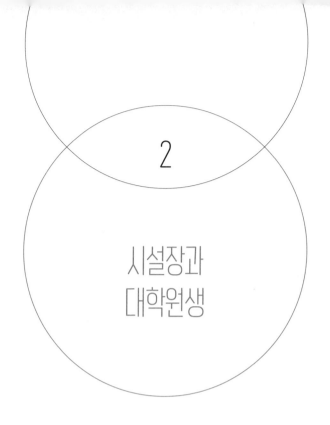

2

시설장과
대학원생

시설장과 대학원생 병행 격동의 한 해

2005년, 시설장과 대학원생을 병행하기로 하고 제가 곧바로 착수한 일은 직원 모집이었습니다.

직원의 반 이상이 그만두었기 때문에 저는 가라앉는 배에 탄 선장 같은 심정이었습니다. 일단 출항한 이상 그냥 육지로 돌아갈 수는 없다며 자신을 일깨우고 남은 직원과 함께 새로운 직원 채용을 시작했습니다.

지금처럼 직원 구하기가 어려웠다면 침몰했을 텐데 당시만 해도 돌봄 직원 채용 광고를 내면 상당수 응모했습니다. 현장 서비스에 지장이 없도록 파견 직원을 활용하면서 신중하게 직원을 채용했습니다.

수요일부터 금요일 오전까지는 대학원에 다니기 위해 도쿄에 있었고 금요일 저녁부터 다음 주 화요일까지 5일 동안은 시설장으로 근무했습니다. 도쿄까지 왕복하는 신칸센 기차 안이 유일한 휴식 장소고 대학원 과제 작성 시간이었습니다. 제가 도쿄에서 지내는 동안은 저의 빈자리를 지금은 안 계시는 이토 마사야스 이사께서 지켜 주며 저의 배움을 응원해 주었습니다.

저에게 대학원 강의는 젖먹이가 이유식을 건너뛰고 밥을 먹는 상황과 같았습니다. 영어로 된 보고서를 읽고 다음 주에 발표하라는 말을 들었을 때는 눈앞이 캄캄했습니다. 제 능력으로는 발표커녕 해석조차 제대로 못했습니다. 제가 난처해 하니 어느 원우가 영어 번역프로그램 사용법을 가르쳐 주어서 그것으로 대충 뜻을 파악하여 발표할 수 있었습니다.

석사 논문 지도를 해 주신 오무라 가즈오 교수가 제 처지를 가장 잘 이해하고 출석을 못 하는 강의는 최대한 도와주었습니다. 그렇게 교수진과 원우들, 이사장과 직원들의 도움으로 대학원을 1년 만에 졸업할 수 있었습니다.

그러나 대학원을 졸업하고 한숨 돌리는 것도 잠시, 앞으로는 복지사업에 경영 지식이 필요할 거라고 하신 사토 다카요시 이사장 말씀이 현실로 일어났습니다. 구레시가 돌봄 시설을 공모했습니다.

마침 그 무렵 저희는 케어 하우스 입주자를 위해 돌봄이 필요하게 되면 안심하고 지낼 수 있는 시설을 가까운 곳에 만들고 싶다는 생각을 했습니다. 케어 하우스는 일상생활이 스스로 가능한 사람을 대상으로 하는 시설인데 치매에 걸린 사람도 함께 지내므로 여러 가지 문제가 발생했기 때문입니다.

그래서 소규모 다기능형 재가 돌봄과 그룹 홈 공모에 응모하기로 했는데 공모라서 사업계획서 제출은 필수였습니다. 뜻밖에도 제가 대학원에서 공부한 지식을 활용할 시기가 이렇게나 빨리 왔습니다. 응모 결과 양쪽 모두 1등으로 지명 받아 2007년에 바라던 새로운 시설을 개설했습니다.

중요한 입찰 전야 예기치 못한 큰 부상

그러나 시설을 오픈할 때까지 모든 일이 순조롭게 진행되지만은 않았습니다.

저는 평생 잊지 못할 실수를 했습니다.

건축 회사를 결정하는 입찰 전날 집에서 한밤중에 눈을 떴는데 몸이 허공에 붕 뜨더니 계단 아래로 떨어졌습니다. 즉시 구급차로 실려가 두부 타박, 왼쪽 어깨와 팔꿈치 분쇄 골절이라는 진단을 받았습니다. 당연히 입찰에는 입회하지 못하고 주위 분들에게 큰 폐를 끼쳤습니다.

시설장에 취임하고 처음으로 시설 건축을 위한 보조금 수속을 했는데 예정일이 다 되었는데도 보조금 내시액[2]이 얼마인지 연락이 없었습니다. 연락이 없으면 입찰을 못 하니 공사를 착수할 수 없습니다. 그대로였다면 공사 기간이 늦어져 보조금을 못 받게 되고 만다며 고민에 빠져 저 자신을 탓했을 게 분명합니다.

그런데 가까스로 보조금 내시액 연락을 받고 입찰할 수 있게 되어 다행이다 안심하며 바닥에 발을 디뎠는데 어찌 된 일인지 계단에서 떨어졌습니다. 난생처음 수술을 하고 3주나 되는 입원을 피할 수 없었습니다. 또한 수술 전에 의사가 불러서 말했습니다.

"당신의 혈액은 응고되기 어려워요. 이번 수술은 하겠지만 퇴원하면 곧바로 혈액내과가 있는 병원에서 진료를 받으세요."

그때 저는 중요한 입찰에 차질을 빚어 자책감에 사로잡혀 있었습니다. 게다가 왼팔의 극심한 통증과 수술 불안감을 안고서 몸져누워 화장실에도 못 가는 상태였습니다.

---

2 보조금 내시액 : 확정되지 않은 내부용 금액으로 보조금이 확정되기 전에 일종의 제한선으로써 제시하는 금액

3

치매에 걸려도
안심하는
사회가

큰 부상으로 알게 된 돌봄받는 이의 기분

걱정했던 출혈 없이 왼쪽 어깨와 팔꿈치 수술은 무사히 마쳤습니다. 왼팔에 장애가 남을 거라 했지만 재활을 잘한 덕분에 아무 지장 없이 생활할 수 있습니다.

퇴원 후 혈액내과에서 혈우병이 의심된다 하여 통원 치료를 했더니 신기하게도 1년 후에는 정상 수치로 돌아왔습니다. 통원 치료할 때는 크리스천 친구가 동행해 주었습니다. 대학병원에서 혼자 차례를 기다리는 우울한 시간을 떠올리면 기분이 착잡했는데 그걸 눈치챘는지 그때마다 친구가 옆에 있어 주었습니다.

어쩌다 계단에서 발을 헛디뎠는지 친구가 몇 번 물었지만 밤 중에 눈을 뜨니 몸이 공중에 떴다가 떨어졌다고밖에 다른 설명은 할 수 없었습니다. 그래서 저는 잠을 오래 자면 제 의사와 상관없 이 몸이 움직이는 공포에 시달렸습니다. 그 원인을 여러 가지로 찾아봤는데 스트레스를 심하게 받아 렘수면행동장애를 일으킨 게 아닌가 하고 제 나름대로 답을 찾았습니다.

돌이켜보면 지금까지 저는 다른 사람 도움을 받은 일이 없기 때문에 돌봄받는 이의 불안감과 고충을 제대로 몰랐습니다. 그런 데 그 사고 덕분에 돌봄받는 이의 심정을 좀 더 잘 이해할 수 있 었습니다.

그리고 2008년 히로시마현의 추천을 받아 치매 돌봄 지도자가 되었습니다. 그 무렵부터 치매로 인격 장애를 겪는 사람의 존엄 을 어떻게 하면 회복할 수 있을까 진지하게 생각하게 되어 2009 년 새롭게 치매 대응형 주간 보호 서비스를 개설하기로 했습니 다. 정원이 30명인 일반 주간 보호 서비스를 운영 중이었는데 치 매라는 이유로 이용도 못 하고 아무 데도 갈 곳이 없는 사람을 많 이 보아 왔기 때문입니다.

치매 대응형 주간 보호 서비스는 정원이 12명인데 직원은 세 명 이상 있습니다. 그래서 이용자 한 명 한 명에게 맞춤 돌봄을 제공할 수 있으니 치매환자에게는 효과가 나타나는 서비스라 자 부했습니다. 그리고 가능한 한 약에 의존하지 않고 돌봄을 통해 치매를 완화 또는 유지하고자 했습니다.

그러나 이 주간 보호 서비스에는 이용자가 좀처럼 모이지 않

있습니다.

　치매를 앓는 부모를 모시는 가족으로서는 일반 주간 보호 서비스도 이용할 수 있으니 치매환자만 이용하는 시설을 꺼렸습니다. 심지어 케어 매니저도 이용자 본인이나 가족에게 치매 전문 주간 보호 서비스를 권유하기에는 선뜻 마음이 내키지 않는다고 했습니다.

　고전은 했지만(지금도 그렇습니다) 다른 사업소를 이용할 수 없던 치매환자가 저희 치매 대응형 주간 보호 서비스를 만족스럽게 이용하는 걸 보고 이 사업소의 중요성을 확신했습니다.

치매에 걸려도 안심하는 사회가 오리라 믿으며

―

　존엄을 지키는 돌봄이란, 저희 법인 이념인 성경 말씀 '대접받고 싶은 대로 대접하라'에도 있듯이 거짓말하지 않고 속이지 않고 성실하게 상대를 존중하는 마음으로 돌보는 일입니다.

　저희도 예전에는 치매에 걸린 사람은 금방 잊어버리기 때문에 불안을 없애 주자는 생각에 거짓말을 한 적이 있습니다. 치매환자가 감정으로 기억한다는 걸 몰랐습니다. 그것이 그분들의 인격을 부정하고 신뢰를 잃는 상황으로 이어짐을 짐작도 못했습니다.

　또한 치매에 걸렸다고 아이로 돌아간 것이 아니므로 인생의 선배로서 공경해야 합니다. 고령자 세포 속에는 경험과 지혜가 살아 숨 쉽니다. 공경하는 마음을 가지고 대하지 않으면 치매환자의 자존감이 낮아지고 치매가 더욱 심해집니다.

치매환자만이 아니라 암 같은 중병에 걸린 사람에게도 인간으로서 똑같이 대하는 건 당연한 일입니다. 그러한 당연함이 통용되지 않는 게 현실이지만 거기에 머무를 수는 없습니다.

저희는 2013년에 사코주(서비스 포함 고령자용 주택)와 그룹 홈 그리고 지역에 개방한 카페를 열고 2017년에는 도쿄 오기쿠보에 방문간호 본부를 열었습니다.

저는 최근 20년 동안에 많은 치매환자를 돌보며 인생을 배웠습니다.

그것을 밑거름으로 사고 트라우마를 이겨냈습니다. 저는 치매환자뿐만 아니라 환자 가족과 돌봄 현장에서 일하는 저희의 존엄도 지키는 돌봄 실현을 꿈꾸며 나아갑니다.

그리 머지않은 날 치매에 걸려도 안심하는 사회가 오리라 믿으며.

돌봄에 지친 분에게
한 줄기 빛이 되길

처음으로 웹사이트 '뉴스 소크라'의 쓰치야 나오야 편집장과 만났을 때 편집장이, 부모님을 돌보는 일로 고민하다가 거기에 답해 주는 책을 찾아보았지만 눈에 띄지 않았다고 했습니다. 그리고 본인이 좀 더 일찍 치매 지식이 있었다면 지금 상황은 달라졌을 거라고 했습니다.

저는 많은 돌봄 종사자에게서 이와 비슷한 말을 들었습니다. 그리고 쓰치야 편집장은 저에게 그분들을 위해 칼럼을 쓰라는 제안을 했습니다.

치매 돌봄 제언은 지면에 다 쓰지 못할 정도로 많지만 안타깝게도 저는 글솜씨가 없습니다. 그런 저를 격려해 준 사람은 은사이신 호세대학 대학원의 오무라 가즈오 교수였습니다.

2017년 7월, 칼럼 '존엄을 지키는 돌봄'이 뉴스 소크라에 실려 다양한 반응을 얻었습니다. 특히 야후 뉴스의 댓글에는 곡해해서 받아들이거나 악의를 띤 듯한 내용이 있었습니다. 가장 슬픈 일은 그 댓글 중 대다수를 돌봄 관련 종사자로 생각되는 사람이 썼다는 사실입니다.

그러나 그만큼 돌봄 현장이 거칠고 피폐한 상태라면 오히려 그런 사람들을 위해서라도 칼럼을 써야겠다고 자신을 다잡았습니다.

한편 도쿄 오기쿠보에 개설한 방문간호 본부에 독자들이 "마치 내 얘기 같다, 돌봄으로 힘든 건 나 혼자가 아님을 알았다" 격려 전화도 해 주었습니다.

저희 시설에서는 2주에 한 번씩 약 15분쯤 시간을 들여서 전 직원에게 1회분의 칼럼을 읽고 연수 보고서를 써 내도록 했습니다. 처음에는 일부 직원이 "읽을 시간이 없다. 언제까지 계속해야 하나" 거부감을 나타냈지만 '계속은 힘이다'는 속담처럼 계속하여 힘이 되었습니다. 지금은 그런 말을 하는 사람이 없고 치매를 대하는 공통 이해가 깊어졌습니다. 직원의 연수 보고서 덕분에 용기를 얻고 은혜를 입은 건 저였습니다.

그리고 2년 가까이 되어 칼럼 '존엄을 지키는 돌봄'을 한 권의 책으로 출판하게 되었습니다. 여기까지 오는 데 정말로 많은 분의 기도와 지원이 있었습니다.

오무라 선생님은 "글로 씀으로써 다른 세계가 보인다"며 저의 눈을 뜨게 해 주었습니다.

갈피를 못 잡을 때에는 "이 칼럼으로 돌봄 세계가 바뀐다"는 쓰치야 편집장의 말을 수없이 되새겼습니다.

또한 크리스천의 길로 인도해 준 고(故) 임마누엘구레교회 이토 마사야스 목사님, 천직이라고도 생각되는 이 길로 이끌어 준 전 이사장 고미야마 린야 목사님, 언제나 변함없이 기도해 주는 사토 다카요시 이사장님, 고다마 유키에 이사님, 우치야마 다다노부 이사님, 오랜 시간 자원 활동을 해 주는 가와카미 게이코 씨, 법인 창설 때 아무것도 모르는 저희에게 손을 내밀어 준 일본 킹스가든연합의 이즈미다 아키라 회장님과 여러분, 일상에 매몰되어 있다며 각성을 촉구해 준 호세대학 대학원 오가와 고스케 교수님, 개인정보 처리에 관하여 조언해 준 히로시마현 노인복지시설연맹 모토나가 후미오 부회장님, 히로시마현 돌봄복지사회 히로야마 하쓰에 전 회장님, 전국 경비 노인 홈[3]협의회 나카가와 가쓰요시 상임이사님, 출판을 위해 애써 준 이와나미 쇼텐의 이토 고타로 씨, 나카모토 나오코 씨, 그 밖에도 너무 많은 분께 감사 말씀을 드립니다.

이 책이 돌봄으로 지쳐 어둠 속에 있는 분에게 한 줄기 빛이 되어 주기를 희망합니다.

그리고 저처럼 보잘것없는 사람에게 눈길과 힘을 주신 하나님께 "할렐루야" 감사드립니다.

2019년 봄
사토무라 요시코

---

3 경비 노인 홈 : 노인복지법에 기초한 노인복지시설의 하나로 무료 또는 적은 요금 부담으로 입주 가능한 노인 홈. 60세 이상으로서 돌볼 필요는 없으나 가정과 주택 사정, 신체 기능 저하 때문에 자택에서 살수 없는 사람을 대상으로 식사 등 생활에 필요한 서비스를 제공하는 것이 원칙이며 식사를 제공하는 A형, 자취가 원칙인 B형, 휠체어 생활이 가능해 필요에 따라 노인장기요양보험 서비스를 이용하는 케어하우스(자립형, 돌봄형) 등 3종류가 있음

SONGEN ARU KAIGO : "KONKYO ARU KEA" GA NINCHISHO KAIGO O KAERU
(『尊厳ある介護 :「根拠あるケア」が認知症介護を変える』) © 2019 by Yoshiko Satomura
Originally published in 2019 by Iwanami Shoten, Publishers, Tokyo.
This Korean edition published 2022 by HealthMediaCoop, Seoul by arrangement with
Iwanami Shoten, Publishers, Tokyo.

존엄을 지키는 돌봄

지은이 사토무라 요시코

옮긴이 최효옥, 손효선, 구노리 야스히코

추천 장창현 황현숙   만든이 황자혜 임지연 조원경   꾸민이 박재원

펴낸이 백재중   펴낸곳 건강미디어협동조합   초판 1쇄 발행 2022년 4월 1일

등록 2014년 3월 7일 제2014-23호   주소 서울시 사가정로49길 53

전화 010-4749-4511   팩스 02-6974-1026   전자우편 healthmediacoop@gmail.com

값 15,000원   ISBN 979-11-87387-22-0 03190